はしりがき

車窓

てきな景色だけが
撮れないくやしさ。
わっ♥って気づいた時には、
過ぎてるから、もう目に焼きつけるしかない。
さっきも、虫にさされたふくらはぎを
かいてたら、シャッターチャンス のがした。

フトンの布の中に、刺してくる虫
は いないか、ルーペで確認。

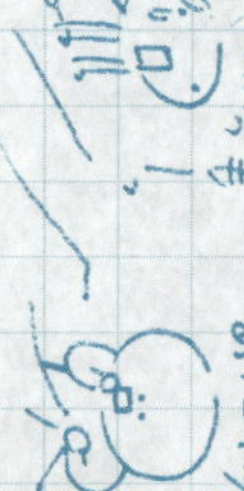

海辺に揺れてる
舟の屋台でお買いもの。
波しぶき浴びながら
お会計。

屋台で さげた食器を 店員が
たらいに バシャバシャ 投げ入れてる。
… その濁った水が
とんでくる席。 失敗した……。

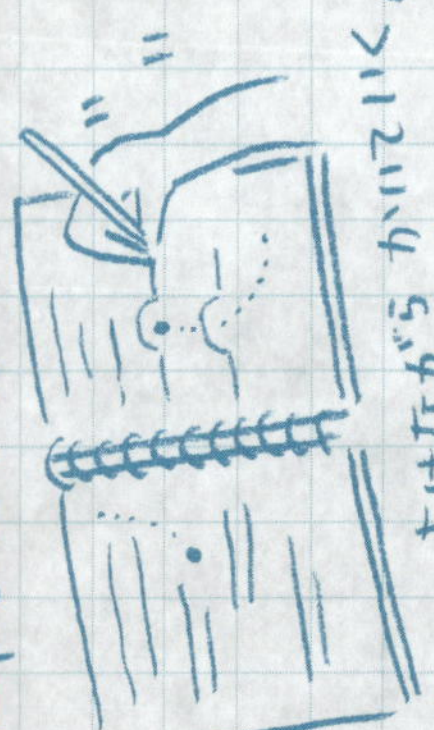

ノートの上に
をよけながら かいていく。

お堂のまわりを ゆっくり歩く、お坊さん。
少しずつ何かを 撒いている。
停められた車の下に、
のぞいてみると、そこには ネコ。
軒下、垣根の間、木の根元、植木の陰、階段の脇……、
少しずつ、パラパラと。やってくるネコの数や
居場所を すべてわかってて、毎日こうしてるんだ
ろうな……

列車で隣り合わせた
日本人女性。
私の顔をみていきなり言う
「ここ、タバコ吸える場所が遠く
キツイですよねー！」

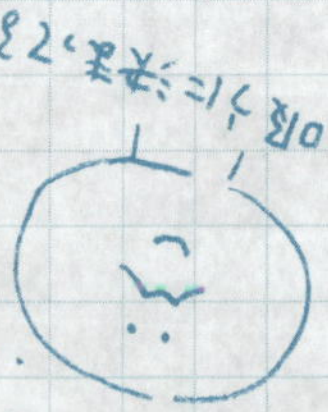

タバコ吸うに決まってる顔？

なんで「カレー味」を
イスラムの味とするのかな？
ムスリム が関係ある？
↳カレーに欠かせない
スパイス

ホテルのミニ冷蔵庫。
冷蔵庫の扉を開けようと
取っ手を引くと 毎回、
冷蔵庫ごと飛び出してくる。
……のを、どーにかしたい。
ひねると蛇口ごと右向いちゃう
洗面台もね。

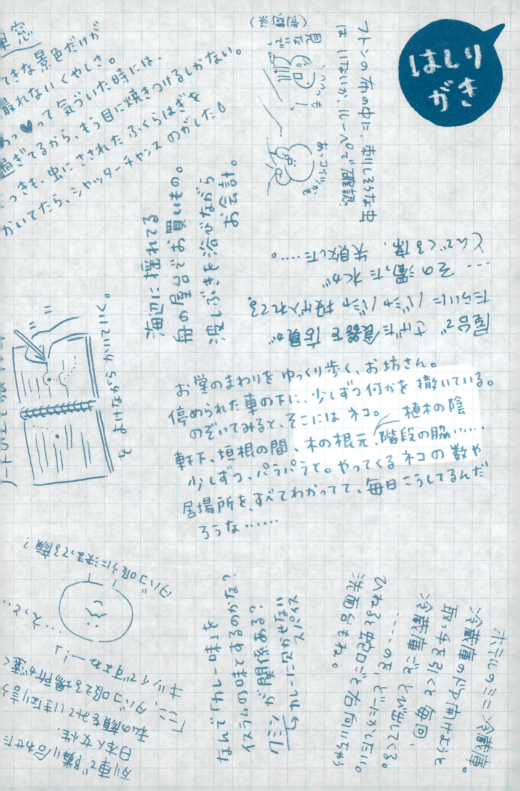

コンビニおでんの
ポスター。
つゆほとばしる躍動感
あふれる具材の
写真。←それいる?

ピンクの大きいリボンの
カチューシャを額にはめた
おばさんにおじぎされた。

食堂のトイレで苦しむ私。
その私のまわりをぐるぐる
静かに旋回してる糸トンボ。
さっきいっしょに入ってきちゃって
出られなくなったヤツ。
ごめんな。

テーブルが、カメムシだらけの
レストラン。野菜に紛れてたら
食べちゃうな。そのうち。
これだけいたら、具材の域だな。

大きなアイスケースをのぞくと…アイスアイス♥とよびこんだ売店。
長年ほったらかしの冷凍庫の中を占拠していたのはしもと
いつからあるのか、2〜3本のアイスのミイラ。
こ、こんなにもアイスを食べる習慣がないのか…?

ホテルに出した
洗たくものが、
一向に戻ってこない。
もう4日間同じ服!

海からあがってきた青年。
股間をにぎってじっとしている……
どーしたのかと思ったら、海パンの大

巨大マーケットの古着売り場、カビのにおいが
強くて、直に触ってないのに、あちこちかゆく
なる。

一見「1色」の砂も
ルーペで見るといろんな
粒の集まり。
石英と貝とサンゴと…
形も長細いのやスレート状も…
白、黒、オレンジ、赤、グレー、透明…
いろんな具材のまざった
炊きこみごはんみたい。

立ち泳ぎってあんなにずっと
フリーの腕して
いられるものなの??

橋を渡ってすぐの寺。
夜、境内を歩いてたら
犬だらけ。頭の中で
全力走、鳥肌立ったまま、
出口一点を見つめて、
ゆ……っくり歩いて
逃げる。

k.m.p.の、

タイぐるぐる。

k.m.p.
ムラマツ エリコ
なかがわ みどり

はじめに。

みんなが知ってるタイについて、
今さら 何をかけるのかなと
思ってきたけど、
私たちなりの「旅」で、
いいんじゃないかと……

そう思ったら、
伝えたくなりました、
こんな旅。

小心者で、
日差しにも弱く、 おなかも壊し、
バックパッカーほど 強者でもない……

そんな旅人が、
タイを ぐるぐる、
どーやって まわるのか、
まわると どーなるのか、
そんなお話を。

今回の旅行記では、
旅のスタイルや、
ちょっとしたコツなども
かいてみました。
（6頁、 22頁、 46頁…など）
ムラマツ。
おなかが弱い
なかがわ。
日差しに弱い

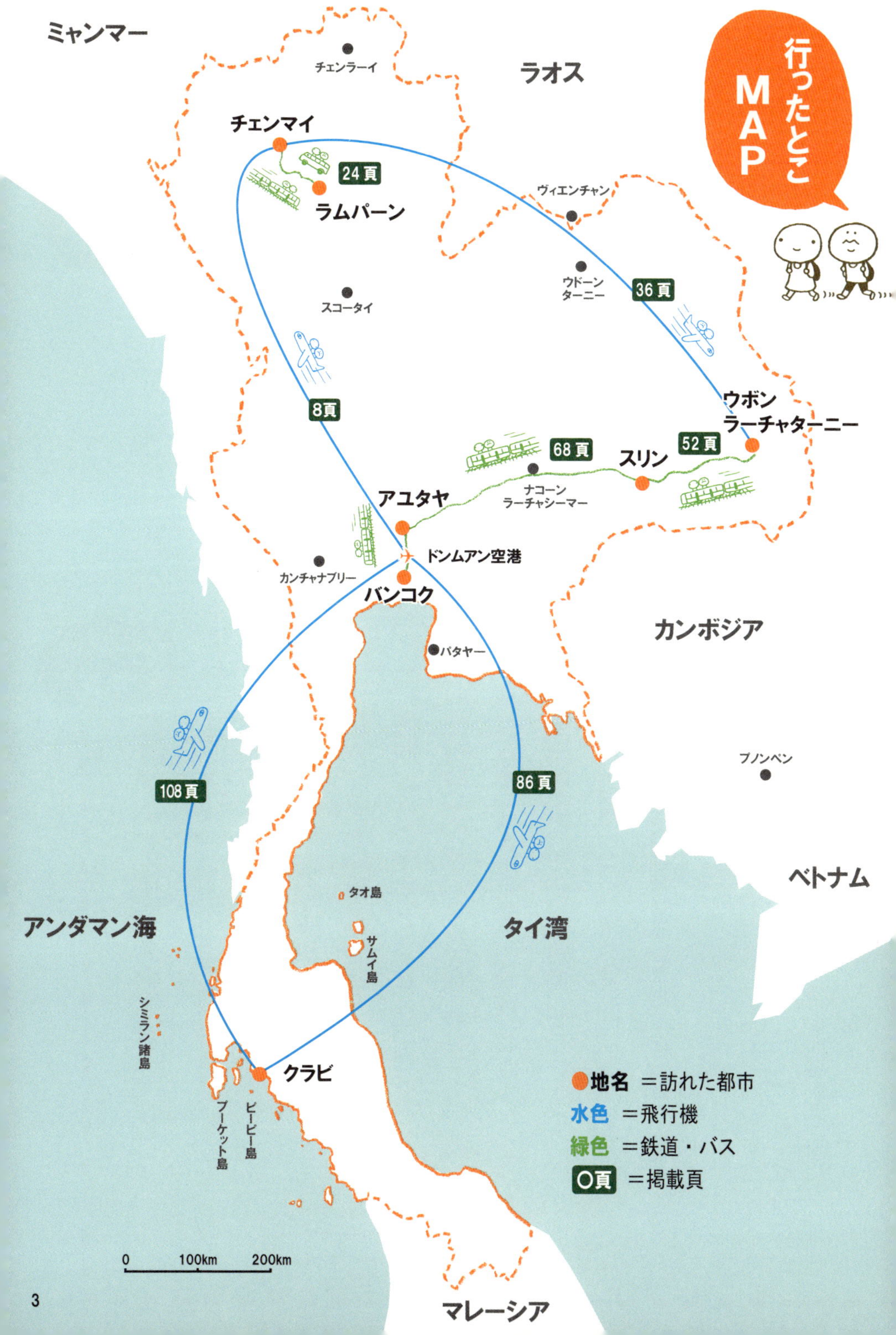
行ったとこMAP
ミャンマー
ラオス
チェンライ
チェンマイ
24頁
ラムパーン
ヴィエンチャン
ウドーン
ターニー
36頁
スコータイ
8頁
ウボン
ラーチャターニー
52頁
68頁
スリン
アユタヤ
ナコーン
ラーチャシーマー
ドンムアン空港
カンチャナブリー
バンコク
カンボジア
パタヤー
プノンペン
108頁
86頁
ベトナム
タオ島
アンダマン海
タイ湾
サムイ島
シミラン諸島
クラビ
プーケット島
ピーピー島
地名 ＝訪れた都市
水色 ＝飛行機
緑色 ＝鉄道・バス
○頁 ＝掲載頁
0
100km
200km
マレーシア

もくじ。

この旅の、典型的なお昼ごはん。
おかず2品、生ココナッツジュース、小瓶のチャンビール。

＊取材時のレートは、およそ 1バーツ（B1）≒3.5円です。

旅のコツ

こんな旅、その準備

こういう旅がすき？
やっぱりツアーがいい？
……それは、
旅に何を求めるかによって
分かれる気がします。
この旅のスタイルは こんな。

どんな旅かというと

観光プランから、乗り物や宿泊の予約まで
ゼロから自分で作っていく旅……です。

現地でも、すべて自分で。
道順を調べたり、営業時間を確認したり、
食事する場所を探したり、時間配分を気にしたり……
何か問題が生じたら、解決するのも、自分。

…と、出発前も、現地でも、
ずっと「段取りと手配」の連続になる。
つねに先のことを考えながらの旅。

観光が2だとしたら、
そういうモロモロのことが8くらいを占めている、
旅のスタイル。

（疲れそう？ たしかに ちょっとハードです）

効率的に「観光」をしたいなら、
ツアーのほうが、お得で快適だと思う。

ではなぜ、こんな旅をするかというと……

私たちは、この「8」の部分が
すきだからなのでしょう。
旅の予定を立てるのも、
勝手知らない町で、困って右往左往するのも含めて。

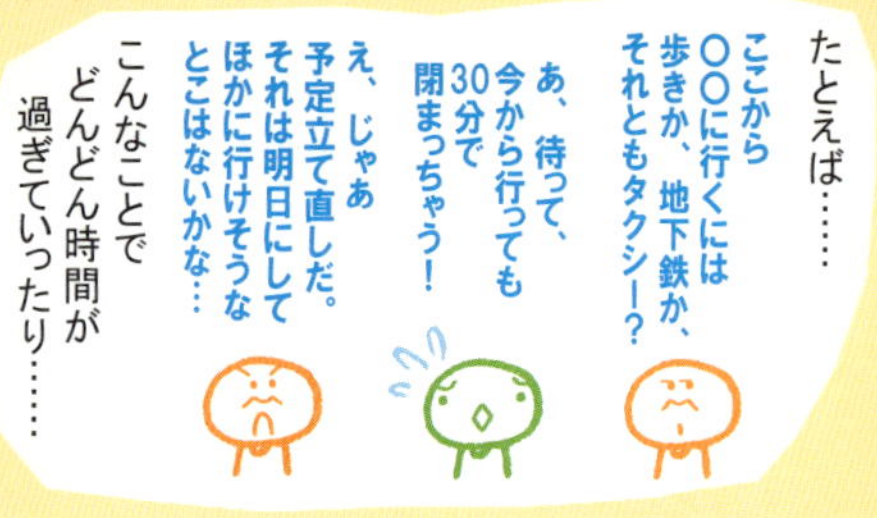

たとえば……
ここから○○に行くには歩きか、地下鉄か、それともタクシー？
あ、待って、今から行っても30分で閉まっちゃう！
え、じゃあ予定立て直しだ。それは明日にしてほかに行けそうなとこはないかな…
こんなことでどんどん時間が過ぎていったり……

大変だった旅ほど、記憶に残るよね…
その時はもうこりごりと思うんだけど…

実際の準備

勢いで出かけていくようで、
そこそこ、下調べや予約は していきます。

そのココロは……
何も調べていかないと、イベントなどを見逃してしまったり、
効率が悪くなってしまうので。ざっくりとした予定を立てておいて、
現地で面白いことがあれば、臨機応変に変更していくかんじ。

◆ガイドブックを1冊読んで……　→やりたいことを箇条書きにする。

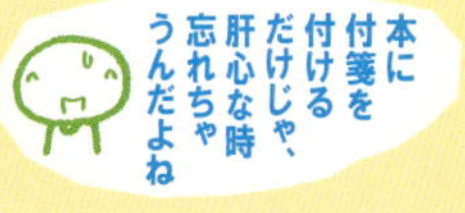

本に付箋を付けるだけじゃ、肝心な時忘れちゃうんだよね

沢山読むと行きたいところが増えて大変だから多くても2冊で

→ルートを決める。

なるべく一筆書きになるよう効率よく

◆飛行機＝4、5ヵ月前から調べはじめ、1ヵ月前までには予約。

「日程があいまいなままフライトが探せる」サイトが便利
安い日がわかるし

◆現地での移動＝今回は、国内線や、急行列車も予約。

◆宿＝混みそうだったり、現地で時間を節約したい時には予約していく。

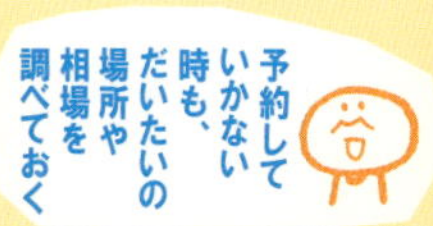

予約していかない時も、だいたいの場所や相場を調べておく

旅のコツ

さぁ、旅に出かけよう

町歩きのスタイル。小さな こだわり。

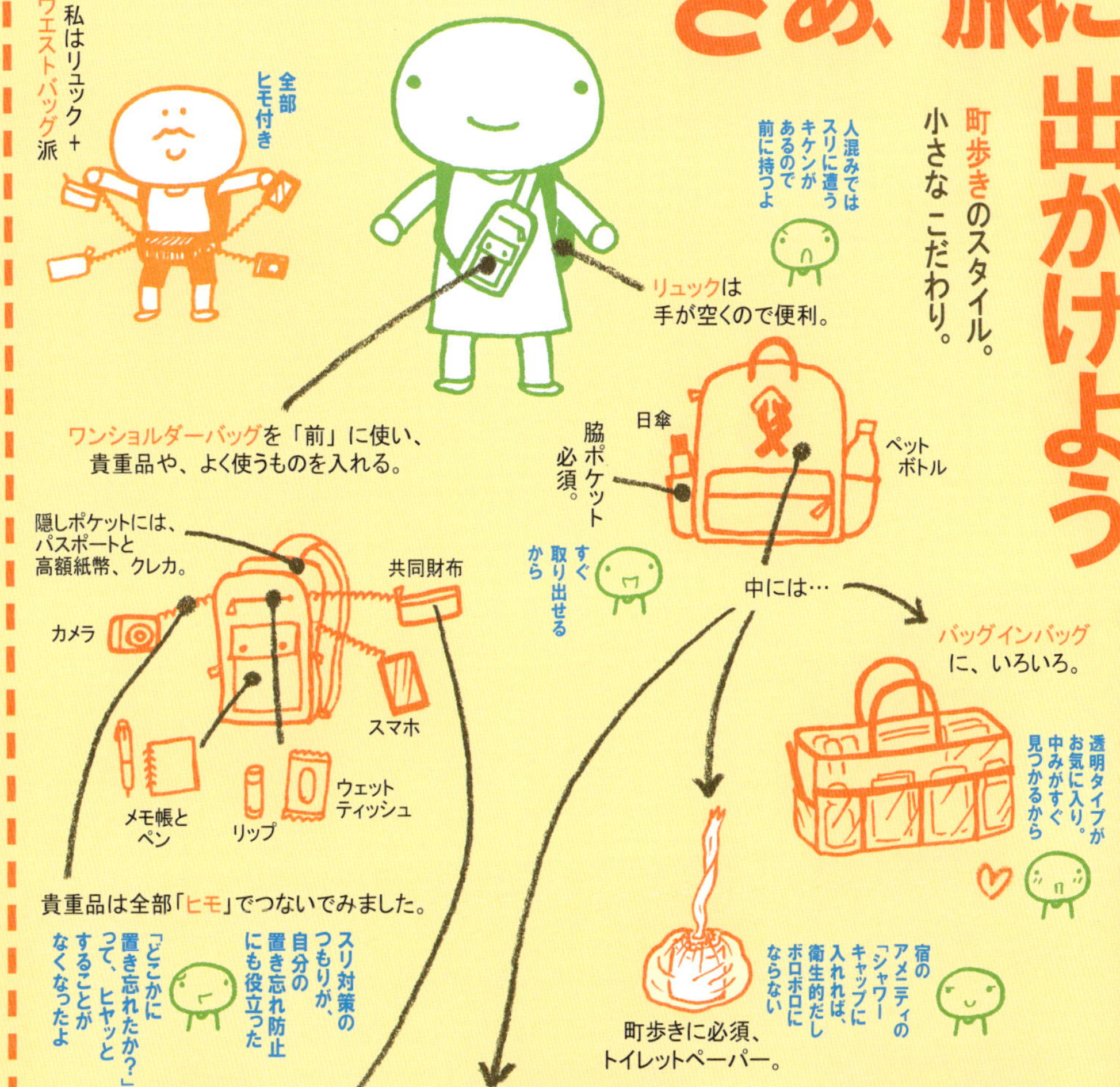

小銭命

お財布の中に、つねに一定額の「小銭」が入っているように、いつも意識してます。

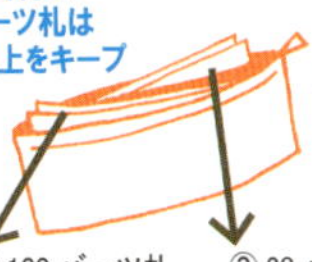

屋台とタクシーとトゥクトゥク。この3シーンで小銭がすぐ出せるようにしたい

逆にコンビニでは、大きいお札を使わせてもらってます

屋台で食べるセット

半分こして食べることが多いので、ナイフとお皿があると便利。そして、こんなものも……

イスがないことも多かったから、「小さな敷物」もあるとよかったな

気をつけていること

とにかく軽く、少なく。

防犯対策ぬかりなく。

ツアーのように、余分なものはバスに置いて…などができず、ずっと全部を持ち歩くことになるので、本当に必要か、真剣に考えます。

- 高そうなバッグは持たない。
- 肩掛けバッグは狙われる。斜め掛けにするかリュックに。
- ちょっとイスに置く時でも、ワイヤーなどでつないでおく。

＊持ち物に関しては22頁、服に関しては48頁で詳しく。

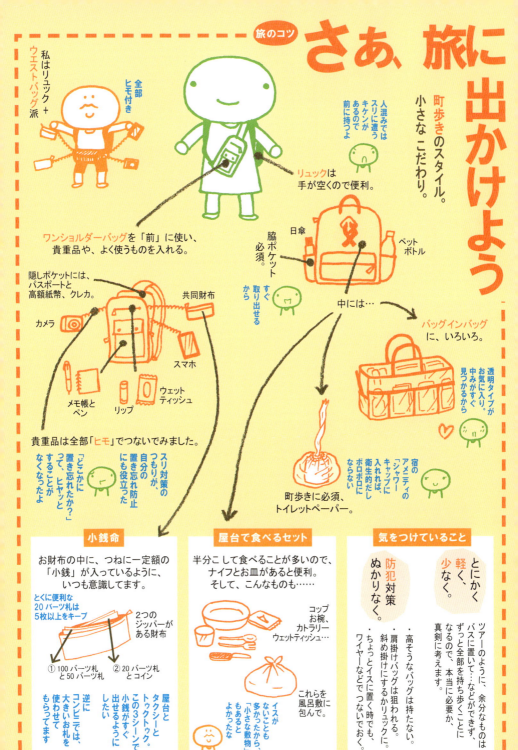

タイの旅、最初の町は……チェンマイ

成田空港→ドンムアン空港は、約7時間。
ドンムアン空港→チェンマイ空港は、約1時間。

原因と教訓…

成田⇔バンコクの往復便と、そこからのチェンマイへの片道便を、同じ航空会社（LCC＊）で予約した。乗り換えの時間がタイトだったが（40分）、他社便にするよりも、通しで手続きしてくれるなど、考慮してくれるかもと思ったから。が、全くそんなことはなかった。（というのを、成田でのチェックイン時に知った）

つまり、チェンマイ便は通しでチェックインできず、バンコクで改めて行う必要がある、しかも荷物もバンコクで一旦受け取らなければならず、入国手続きもバンコクで……それで、このような大慌ての状況になったのでした。

もっとちゃんと、事前に調べないとだめだな、と反省。あと、乗り換えの時間は、やはり「余裕」が必要。

…ところで……

泣いていた女性も私たちも、怖れていた深い意味もなく、全員無事に、チェンマイに降り立ったのでした。

＊格安航空会社

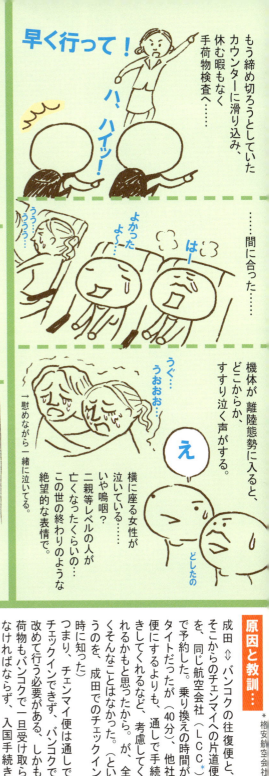

旅は「宿」から

以前チェンマイに長期滞在した時は、
中心から ちょっと離れた
アパート暮らしでした。
今回は、交通の便を優先し、
繁華街ナイトバザールのすぐ近く。
しかし、中心地にありながら、
川と緑に囲まれ、リゾートっぽさを
醸し出す、奇跡的なゲストハウス。
決して高級ではないけれど、その分、
価格も安く、居心地のよい宿でした。
……ここが結局、この旅一番の宿に
なるなんて……あとで知ったコト。

Your Home Away From Home
ガレー ゲストハウス。

大通りから小道に入り、川にぶつかる手前にある。
この辺りは、庭のない、建物だけのホテルも多い中、
このゆったり立地は、スゴイ。

いいかんじじゃーん
ね♡

立地のよさ

ワロロも* ナイトバザールも 歩いて行けるね。
おっ、金曜日の朝、イスラムマーケットっていうのもある♡

＊ワローロット市場

屋台や市場から歩いて帰れる、
ソンテウを拾いやすい、
川の向こうに歩いて行ける……
このへんが決め手でした。

情報とサービス

フロントのおじさん。こちらの言いたいこと、
聞きたいことを、察知してくれる勘のよさ。
そして説明もわかりやすく、
やさしさも感じる。

コッチデ アッチデ
入ってすぐ左ね♡

チェックインの時には、
部屋を選ばせてくれた。

パンフレットの類も、数多く置かれている。

備品の充実

ゲストハウスなのに 備品が充実。
ポットとカップ、テーブルセット、
ハンガー、コート掛け、貸金庫や
飲料水のサーバーまで……
シーツも白くてきれいだった。

テレビは古いが、
NHK がみられる。
(今回の旅では ここだけ)

室内とテラスのどちらにも、
イスとテーブル。

ただ、石鹸とシャンプーは なかったので、慌てて買いに行く。(……が、翌日、バスルームに石鹸が2個、置いてあった)

昨日忘れてただけみたい

過ごしやすさ

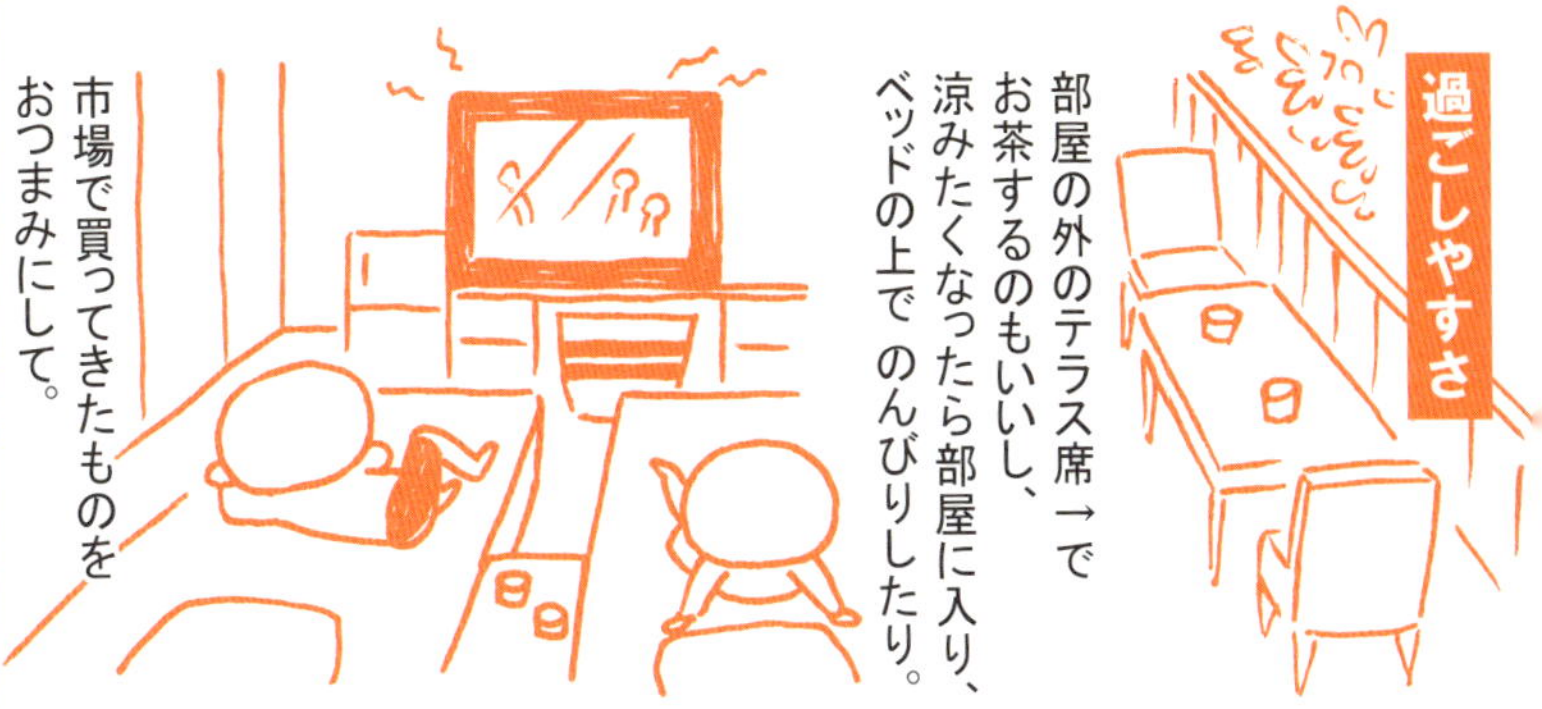

部屋の外のテラス席→で
お茶するのもいいし、
涼みたくなったら部屋に入り、
ベッドの上で のんびりしたり。
市場で買ってきたものを
おつまみにして。

川辺で まったり

予約サイトで魅力的だった、川沿いの庭。
実際には、暑かったり、蚊が気になったり、
川がちょっと臭かったり……で、長居する
ことはなかったけど、この存在は貴重。

お向かいのイヌ

通るたびに私たちに吠えまくる、お向かい
の番犬2匹。いい加減、許してくれ……

夜あそびのあと

ナイトバザールの酒場エリア、面白かったね 今日の収穫～
おしゃべりしながら門を抜け、
階段を半分上がったところで守衛さんの存在に気づく。
あ、そーだった
おやすみなさい～
なので、毎晩、階段の上から ごあいさつ。

朝市、夜市で

もうこんなに人が〜
タイのムスリムはどんなものを食べているのかな

イスラムマーケットで、朝ごはん

この宿を選んだ理由のひとつが、市場や屋台街に近いこと。
それを最大限活用して、朝に夜に、B級グルメ三昧。

中でも、金曜日だけ開かれる**イスラムマーケット**は宿からすぐのところ。
しかも朝6時頃からはじまって、11時頃には終わっちゃうという。
これこそ、近くに宿をとらないと行けない市場だ。
頑張って早起きして、7時に宿を出た。

朝ごはん調達

何食べよっかなー
あ、あれなんだろ

ほかでは売っていないような、変わった野菜や料理が並ぶ。
その中から、「今日の朝ごはん」を選んで歩く。

コーンと卵のカリッと揚げ。

ピンクに染まったごはん。酸っぱかった。

生のひき肉かと思った

親切なおじさんがやってきて、次々と説明してくれた。

ほー
豆腐、納豆、餅、栗……
日本と似てるもの、多いなあ

納豆。日本のとそっくり。

納豆に、スパイスや香菜を和えた辛い惣菜。ごはんにかけて食べる。

どろどろのひよこ豆（コーン？）をかけた麺料理。

お、せ、ん、べ、焼、け、た、か、な

名物黒米せんべいは、黒米の餅に、黒糖あん（ソース）を挟んだ、やわらかいおせんべい。

時間がかかりそうなので「焼けた頃に戻る」と伝える。

頭に浮かぶフレーズは、もちろん…

おーせーんーべ
焼ーけーたーかーなっ♪

まだ
あ、はい…

……3回フライング。

大福をレンジでチンしたのに似てる。

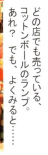

夜あそびスポットで、晩ごはん

ナイトバザール

毎晩、お祭り騒ぎのような一角。通り沿いだけかと思ったら、そこはほんの入り口で、奥に、沢山のバザールや飲食エリアが広がっている。でも、お土産は、画一的で、商業的なものが多いかな。

どの店でも売っている、コットンボールのランプ。あれ？　でも、よくみると……

あっ、これトマトの形してる！欲しいな…
……でも、ほかでも売ってるよねぇ？
だね
荷物になるからバンコクで買おう

飲食エリアいろいろ

フードコートの類は、数があるだけじゃなく、「すみ分け」されていることに気づく。

食事よりお酒？音楽ガンガン、欧米の若者御用達エリア

たのしい！

ライブ演奏が大音量で流れる。

ちょっと場末っぽいフードコート。シニアのカップルやおひとり様多し

やっぱ、こっちかな

のんびりと伝統舞踊をみつつ。

ウィークエンドマーケット

日曜は、お堀の内側で、土曜は、お堀の南で行われる、1本道のナイトマーケット。すごい人出だが、ナイトバザールと違って、フリマのような手作り品があったり、地元の人もそぞろ歩いていて、たのしい雰囲気。

人、多すぎ
店、多すぎ

大混雑の中、なんとか席を確保し、晩ごはん。

タコの唐揚げ。

いただきまーす

後ろの席ではおじいさんカップルが自撮り。

まだまだローカルマーケット

昼間はフツーの市場

チェンマイ門市場

すぐ近く

上記のマーケットの開催日だったからか、身動き取れぬほど混雑してた。シーフードの店が多いみたい。

大型デパートMAYAの裏手

ガート リンカム夜市

ちょっと古い雰囲気の地味めなマーケット。洋服が多く売られていた。

ちょうど夕方の6時だったので、国歌が流れ、一同直立不動。食事してた私たちも、慌てて起立。

市場を囲む屋台街

ワローロット市場

宿に近かったので、ついつい毎日立ち寄って、夜食を買って帰ってた。

チェンマイぐるぐる

10年前にアパート暮らしをした頃と、
ちょっぴり変わったチェンマイ。
観光客が さらに増えた…
ソンテウが高くなった…
なくなったホテルと、
新しいショップ……
ニマンヘミン地区は、来るたびに
カフェやホテルが増えている……
変わらないのは、空の青さと、熱気。
今日は、「なつかしい」をたどって、
「はじめまして」を探そう。

再訪をたのしみにしてた、行きつけのソムタム屋さんは…
ない…
ガラーン
……悲しい。

変わらないところ

刺さるような日差し、
押してくる熱気、
歩道の凸凹、
排気ガス…
青い空に
入道雲、
赤いソンテウ、
大きな木…
チェンマイは
変わらず
キラキラしてる。

あぢ～！
しかし…
これぞチェンマイ！
HOT
HOT
ハァ
ハァ
ハァ

なつかし巡り

まずは、アパートに行ってみる。

あーーっ
ない!!

1階にあったコンビニがなくなっていた。
大切なマイ冷蔵庫が…

入り口が高級路線に変更されてた。
（たぶん部屋は変わってないと思うけど）

ランドリーも、おばちゃんごと消えていた。
おお、マイ洗濯機……

住民の雰囲気も違うね。日本人、いなくなっちゃったみたいだなぁ
おっと

ランドリーの前の床が、微妙に「坂」になっていて、必ず「おっと」となるのは変わってなくて……ちょっとうれしい。

ピン川に かかる
「ひゅんひゅん橋」が、
立派になっていた

欄干のあいだから落っこちそうで、

大勢渡ると揺れる、あの、
下っ腹がひゅんひゅん
しちゃう、あの橋が……

もう、
ひゅんひゅんしない。
……なんか寂しい？

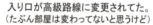

現場検証

じつは6年前に友人と訪れた時、ひったくりに遭いました。
ヤッ
ブォン
迂闊にも、カバンを肩に掛けていた。
その場所をたどりたくなり……
犯人はあっちに逃げたの。でも友人は、その先が行き止まりだって知ってたから、追いかけたの
行ってみよう
まちのMAP
結局Uターンして逃げられたんだけどね
つきあたり
バイクじゃなかったら捕まえられたかもね
検証したからって何？ですが、なんとなく相棒と共有したくて……

びっくり、NEW チェンマイ

交差点の変貌

アパートの先にある、リンカム交差点。以前は、歩く人もいなくて、暗い印象だったのに、今や、中心地のように賑わっている。

リンカム交差点

ガートリンカム夜市

MAYA

DAISO

ショッピングモール。和食の店も多く、日本食の豊富なスーパーも入ってる。

←ダイソーも。

フードコート。夜市風に、低いイスを使ってるのがいいね。

think PARK

夕暮れの散策がキモチイイ。

小さなお店が並ぶ、オシャレな一角。

これから夜市はこんなスタイルになっていくのかな。

→この先に、アパート。

one nimman

お店とギャラリーの複合施設。
中世ヨーロッパのような重厚感のある建物。
とうとうチェンマイにも こんなスポットが…

↓ここから南は、ニマンヘミン地区。

いつでも工事中、ニマンヘミン

当時からオシャレなエリアだったが、もっとオシャレにしたいのか？あちこちでつねに工事の音がする、騒がしいエリアになっている…

開発もいいけど、このモリモリの大木は、この地区のシンボル。絶対切らないでね！

おまけ

個人的に驚いたのは、アパート近くの大型文具店。

以前は、ノート1冊買うのにも苦労したので、今、外国製（ほとんど日本製）の文具や画材が買える店があるなんて、隔世の感…

カフェ巡り

ニマンヘミン地区に
カフェが急増中と聞き、
半日使って巡ることに。
タイのこだわりの
コーヒーって
どんな味だろ?
そして、その
「空間」も、
しっかり味わいたい。

すきなのはね、深煎りで濃いめで風味があるコーヒー。ブラックで。
あ、どーでもいい?

↑この席に座った。

ピンクのオブジェが目印。大木の下のデッキがステキな木陰カフェ。

iberry

木陰だが、なにせチェンマイなのでまあまあ暑い。
それでも木漏れ日に癒される……

いきなり1軒めでコーヒー頼むの忘れた…

スイーツがおいしそうでつい……
チョコバナナサンデー。
黒豆、黒米、うるち米のアイス。

Pai Yan Yai

ネットカフェ的なお店。店先のベンチでいただく。

軽食のメニューも豊富みたい。

あれっ、ミルクと砂糖が入ってるわー
ブラック頼んだつもりだったのにな…

甘い缶コーヒーみたいな味でした。

Charin Pie

「小さなおうち」みたいなお店。

ロースト加減まで選べるカフェ。(でも、淹れるのはマシーン)

ดึง PULL
ดึง PULL
ポルタフィルターがドアの取っ手。

エスプレッソのアイスコーヒー。自動的にミルク入り。

半分こ。

沢山のケーキの中から、ココナッツパイをペアリング。酸みのない苦いコーヒーとよく合う。

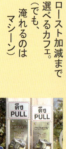

PEZのケースコレクション。

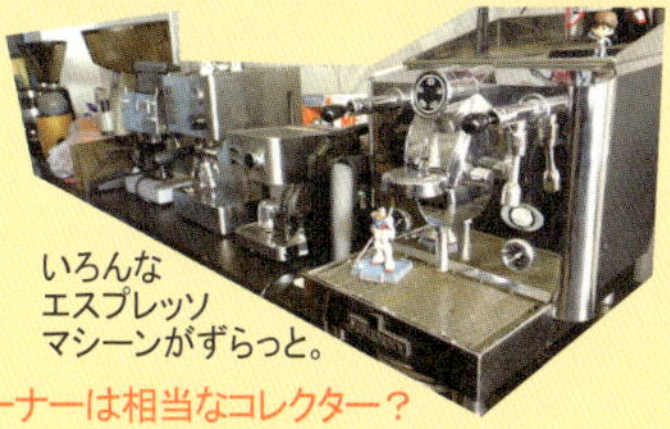

いろんなエスプレッソマシーンがずらっと。

ほかにもフィギュアなどあり。オーナーは相当なコレクター？

impresso

長くて開放感のあるカウンターがいいね。

酸みナシ苦み○。風味は…やっぱドリップには敵わないかな…
やっとブラックの注文に成功♡

←常連のお客さん？　お店に入るなり、マイ クッションを取り出し、寝る気満々。

Ristr8to

中も外もカッコイイ系。

Ristr8to

ワイルドなテーブル。

ウワサのアイスコーヒーは、キレのある深煎り。

ラテアートで賞を取ったバリスタがいる、というのがウリらしいが…今日はお休み？

ラテはもうちょっと苦くてもいいかなー
あ、すきなかんじ

（勝手な）感想…
ほぼ、マシーンで淹れるエスプレッソ系。
なので、苦みがあり、酸み系は少ない。
でも、ドリップほど風味やコクが出ない。

次回はドリップの店探そう
ちゅー

次回はぜひ

今回は「カフェしばり」だったので、こんな気になる店名を見つけても、スルーでした。残念。

ココナッツの専門店？メニューが気になる～

COCO CORNER

ソムタムハウス。ソムタムのおうちなの？ソムタム三昧なの？？

次回の宿はニマンヘミンか？

旧市街ぐるぐる

チェンマイで過ごして数日。
隣の番犬が、私たちをみても
吠えなくなった。
今日は、チェンマイの真ん中、
お堀と城壁に囲まれた
旧市街を ぐるぐるしよう。
小さな食堂、
気になる小路、
知らないお寺、
有名なお寺……
行けるところまで。

路地裏散歩

大通りから、1本奥に入ってみる。
いきなり民家があって、驚く。

あら、そそられる小路…♡

人、ひとりが通れるほどの、
狭い砂利道。
その先に、よく手入れされた垣根。
奥には、木造のステキな一軒家。
みとれていると、家の中にいた
年配のご婦人と目が合う。

あ、ごめんなさい。
お宅のつくりが
とてもステキだったので…

と言うと、なんとか
伝わったみたいで、
微笑んでくれた。
そして、
庭のオレンジ色の
花を摘んで、
私たちの耳に
さしてくれた。

背景に、ステキなおうち。

人んち？食堂

ここ食堂ですか？ ランチOK？
旅人が入って へーキ？

歩いていると、
こんな光景が……
軒先で、
大掛かりに
料理をしている。
これは……
食堂なのか、
炊き出しなのか、
はたまた、家族で
バーベキュー…？

奥へ案内されると、そこは、家の裏庭といった風情。
私たちが食べる隣で、子どもたちが あそんでいる。

並んで、
ごはんにおかずを
載せてもらう方式。
暑い…
かっらっ！

ガパオライス & ツナを炒めた料理。
地元民用の味は、しょっぱくて辛かった。

パラソルは
あったけど…
空気自体が
熱い食堂。

強い日差しの中を歩き、バテてきた。こんな時は、仏さまに助けてもらう。

駆け込む寺

「ちょっと休ませてください」……と手を合わす。

はひー

←チェンマイの青空に、白い仏塔。

KBank

↑ワット・ドゥアンディー
↓ワット・インタキンサドゥ・ムアン
どちらもガイドブックに載ってないお寺。

ワット・パンタオ。渋く美しい、木造の建物。

ここは有名なお寺なので、「休憩」はしにくい。

仏像のボディが、逆三角形でかっこいい。

合掌しつつ、そこが気になる、ザ・煩悩。

このオレンジの布が、お堂の中にもあり、寄せ書きができる。(しました)

ワット・プラ・シン

あちこちまわっているうちに、夕方のにおいがしてきた。最後に行こうと思っていたワット・プラ・シンを目指し、足を速める。しかし、道に迷ったのか、それらしき建物が見当たらない。これか?と思う塀がみえたが入り口にたどり着かない……

うわーん
陽が沈んじゃう～
たたたたた

すみません、プラ・シンは!
そこよ

結局、裏口まで歩いてきてしまったようだ。うう、痛恨のミス…

あれ?この仏塔って銀色?金色?

水色になったよ!
そっか、空が映ってるんだ…

この時間だからこそ、刻々と色が変わっていく仏塔に出会えた。

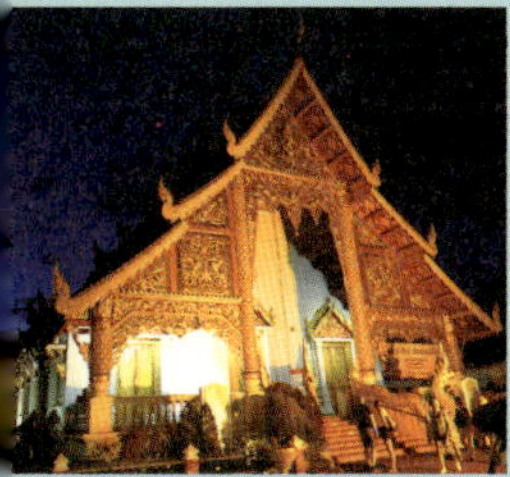

ライトアップもきれい。

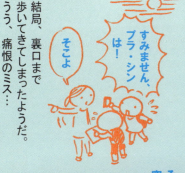

じっくり博物館

「涼めていいかも」くらいのキモチで訪れた**博物館**。暮らしに関する展示がたのしく、早めにまわったつもりだけどたっぷり、2時間以上過ごしました。

ランナー民俗博物館

「ランナー」は、13～18世紀、チェンマイを中心に栄えた王国。

3人の王像の向かいに立つ、白い建物。

祭事の飾りつけの展示も。

クルイという縦笛の演奏風景。

笛ってあんなに口に突っ込む？

説明書きは英語と中国語。

日本語もお願いね♡

壁画の描き方

漆喰→下書き→色付け…の工程がわかる展示。

このへんで、描いた人変わってるよね

線画だと、クセがわかるから、「人」が描いたんだなーと、実感できる。

小さな人形

家を守ってくれていたのかな。かわいすぎる。

これを祀ってたランナーの人たちもかわいい～

チェスのコマサイズ。

石との関わり

それぞれの家で、代々受け継がれてきた、家宝あるいは魔よけ的な石。

←立派な器に入れて…代々大切にしてたんだね。

きゅん

自分の代からやりたくなってきた

最初はきっと「農作業してたおじいさんがなんとなく拾ってきた」とか？

ほれきれいじゃろ

ワイヤーで包んである。これらは、ペンダントやチャームとして身につけていたのかな。

木、金属、素焼きの容器。サイズがぴったりのものは、その石のために作ったんだろうな。

さよなら チェンマイ

チェンマイ最終日。
また来ればいいと
わかってるのに、
やっぱり別れは寂しい。

泊まった宿

ピン川。

模様じゃないよ、ランプシェードの中で虫を待つヤモリ。

ありがとう ございます!!

今頃、仏塔に飾られてるかなあ。

町角で
ジュース屋さんを見つけた。
MENU
ニコニコ
おいしそ〜
飲んでこ♡
キウイ いいな〜
でもやっぱ マンゴー かなー
パインも捨てがたい
ずっとニコニコ待っててくれるおばちゃん。
さんざん迷って、2つに絞る。
よしっ、決めたよ おばちゃん。マンゴーとココナッツを、ひとつずつ♡
あら 今日はもう 閉店したのよ
ニコニコ
おばちゃんは、何に付き合ってくれてたんだろ？

旧市街。

ピン川の向こう岸。

ナイトバザール。

チェンマイは
なじみある町
だったから、
「旅」は、
これから
はじまる
かんじだね。

持ち物

荷物の詰め方

今回は移動が多い旅なので、荷物は部屋に広げず カバンから直接取り出す＝カバンをタンス代わりにするスタイル。だから、出発前に荷物を詰める時にも、そのままでみやすく、取り出しやすいよう、小さな工夫をしておきます。

このタイプ↓のカバンなら、フタ部分を壁に立てかけて使うと便利。

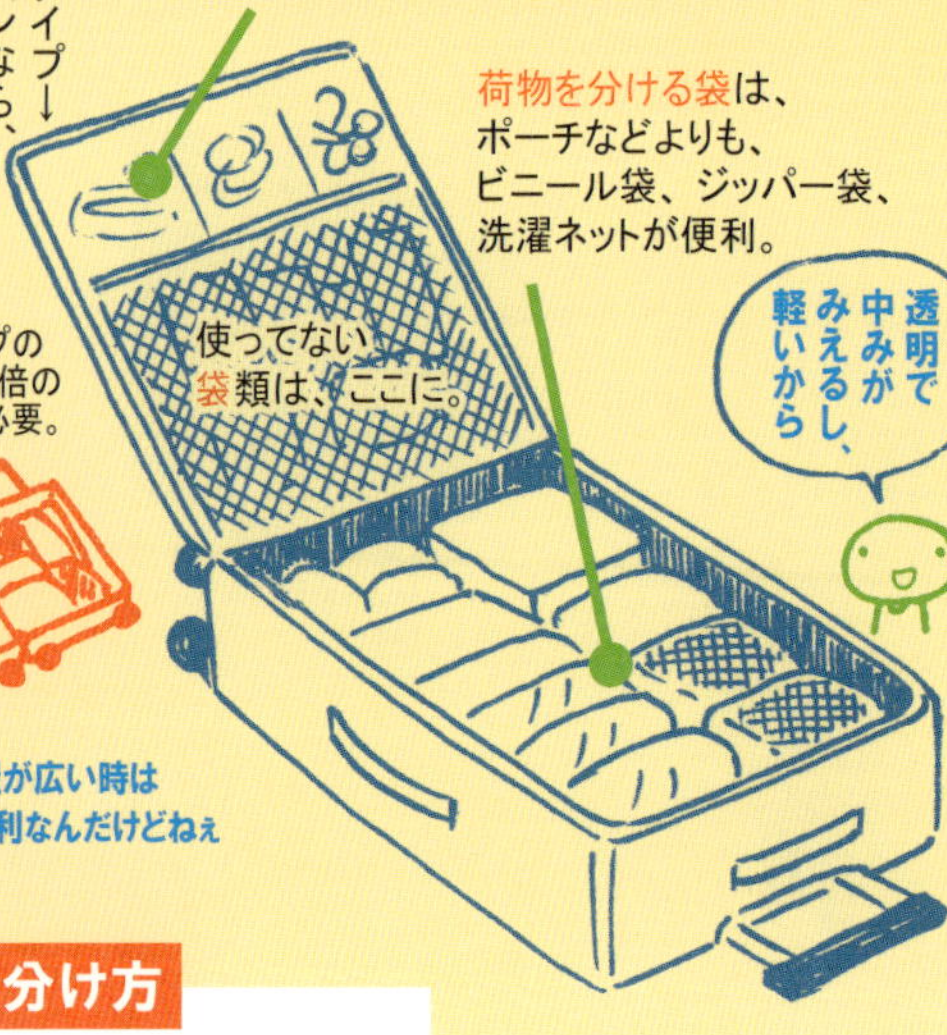

小さなポケットには、輪ゴムやハサミなどの「小道具」を入れておくと、すぐ使えて便利。
荷物を分ける袋は、ポーチなどよりも、ビニール袋、ジッパー袋、洗濯ネットが便利。
使ってない袋類は、ここに。
透明で中みがみえるし、軽いから

↓このタイプのカバンは、2倍のスペースが必要。

部屋が広い時は便利なんだけどねぇ

荷物の分け方

「使う場所」「使うシーン」で分けておくと、旅先で便利。たとえば……

「お風呂」で使うもの

濡れても大丈夫なメッシュのバッグに入れて。

シャンプーリンス、ボディタオル、かみそり、歯ブラシセット…

「洗面台」に置くもの

朝晩や、お風呂上りに使うもの。

←掛けられるポーチ

化粧セット、ブラシ、綿棒、爪切り、日焼け止め…

まとめておけば、すぐ取り出せるね

「部屋」で使うもの

部屋用サンダル、ハンガー、S字フック、コンセントプラグ、充電器、除菌ティッシュ、箱なしティッシュ…

「町歩き」で使うもの

日傘、帽子、ストール、扇子、サングラス、日焼け止め、虫よけ、アーミーナイフ、食器、水筒にするペットボトル、ミニライト、貴重品腰巻、MAP、エコバッグ、薬ミニセット…

現地に着いたらこれをリュックに詰め換えるだけ

今回、新カテゴリ。

「ベッド脇」で使うもの

平たい紙箱に、ベッドサイドで使いそうなものをまとめておく。

アイマスク、目薬、リップ、耳栓、メガネ、充電ケーブル、腕時計…

移動の時は、輪ゴムで留めて。

←詳しくは、次の頁に。

便利な、

3つポケットの洗濯ネット

上2段には、下着や、靴下など…

3段めは、汚れもの（洗濯するもの）をとりあえず入れておく場所にしてます。

ビニール袋に入れて

こんなまとめ方も。

「コーディネート」一式

上から下まで、着る服をひとまとめに。

朝の、時間短縮になる

「風呂」セット

ボディタオル、下着、使いきりシャンプー、タオル…などをひとまとめに。

こうしておけば入浴の時、あちこちから引っ張り出さなくてすむ

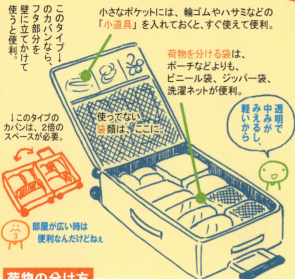

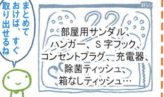

旅グッズ、あれこれ

慎重に選んだはずの荷物も、あれ持ってくればよかった、これ使わなかった、足りなかった……と、現地でいろいろ気づくもの。少しでも参考になればと思い、書き出してみます。

持ってきてよかったもの

500円ほど「くねくねロック」

やわらかいゴムに包まれたアルミ棒。

盗難防止にもなる。

形が自由に変えられるので、S字フックが掛けられないところにも使える。

＊100均のものは、重いカバンに耐えられなかった。

100均で購入「万能なお椀」

軽くて、電子レンジOKのお椀。「深め」なのがポイントで、持ちやすく、汁物にも使える。屋台で、車内で、部屋食で、大活躍。

屋台で、汁っぽいものに、重宝。

テーブルのない列車の中でも。

「養生テープ」毎回まさかの活躍をしてくれるこの方、今回は…

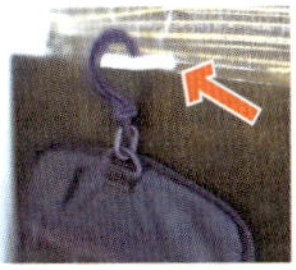

S字フックが引っかからない場所も、こんなふうにテープを使えば…

テーブルのヘリに、簡易ゴミ箱。

持ってきたものが役に立つヨロコビ

持ってくればよかったもの

ぷ～

現地でも売ってるかもしれないけど、探す時間がもったいないので……

「栓抜き」…部屋で瓶ビールを飲むのに。高くてゴツイのしか売ってなかった…

備え付けてある宿も。（バスルームか冷蔵庫付近を探してみよう）

「トイレ消臭」…2人旅なので、部屋のトイレを連続して使いたい時に欲しかった…

便器に1滴たらすタイプ。

「長い充電ケーブル」…ベッドで、スマホを使いながら充電したかった…

足りなくなったもの

多めに持ってきたつもりなんだけどなー

「日焼け止め」…サンダルだったので、足の甲にも塗ってたら…　塗る面積を考えて持っていこう

「ウェットティッシュ」…手だけじゃなくテーブルも拭いてたら…　拭く面積を考えて持っていこう

「お茶っぱ」…部屋にティーバックが備えられてなくて…　水に飽きたらお茶だから

要らなかったもの

わかんないもんだね

「Cプラグ」…どこでもAタイプが使えたので。　逆にCは、グラグラになって使えなかった…

「葛根湯」…風邪気味だったのに、着いたとたん治っちゃった。　しかし帰国後また風邪気味に……なぜだ…

これで「引き出し」活用

衛生的に少々使うのをためらう、ベッド脇のテーブルの引き出し。この2つのアイテムで、快適に使えます。

ここが使えると、掃除に来てもらう時にいちいちカバンにしまう必要なし

たまたま持ってきてた ①「お菓子の紙箱＊」

「フタ」と「底」に分け、引き出しに置き、手元にあったら便利そうなものを入れる。

開いた状態なので、ポーチなどよりモノが取り出しやすい。

たいていの宿に付いてた ②「シャワーキャップ」

これを、「カゴ」のように使えば、引き出しに直に置かなくてすむ。

ティッシュ代わりのトイレットペーパー。

ちょっとしたゴミ箱にもなる。

＊家にあった、もらい物のお菓子を、なんとなく箱のまま持ってきてた。

ちょっとおでかけ、ラムパーンへ

チェンマイ→ラムパーンは、鈍行列車で2時間25分。

チェンマイから、ちょっと行って帰ってこれる距離。でも、ここの「夜市」たのしそうなんだよね。……ってことは日帰りがむずかしいよね、どーする？

1泊する…？
…だね

チェンマイの宿は引き上げず（1日留守にすることを伝える）、最小限の荷物を持って出発。

鈍行列車の3等車。2時間半乗ってたったの23バーツ。車両はボロくて、エアコンもないけど、思った以上に旅気分で、列車の旅、大正解！

水平に上げないと開けられない窓、なつかしい
そもそも窓が開いて風を感じる列車、なつかしい

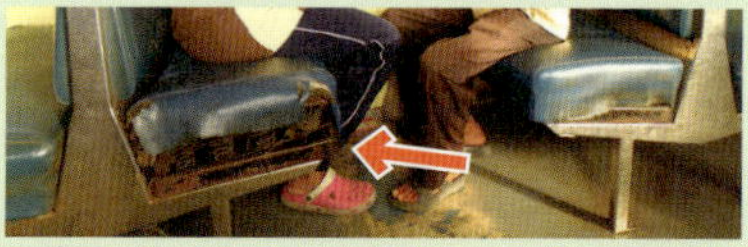

スプリングが飛び出た座席も、かわいく思える。

うわ、物売りキターー！

おべんといらんかねー
わー♡
なんか買っちゃう？

呼び止めて買ってみる。

1コ

たのしいな、これ
あ、また来た。次は ごはんモノかな
はーいはーい、くださーい

次々に現れ、売ってるものもみな違うので、あれもこれもと大忙し。

ウマイウマイ
あ、また来た！
次はなんだろ？
はーいはーい

迷う〜

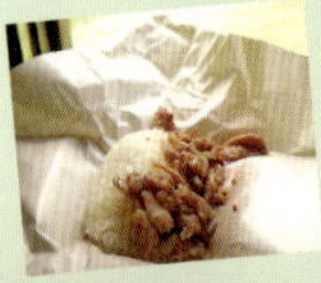

紙に包まれたごはんとお肉。

そうこうしてるうちにラムパーン到着〜

今日は、今回の旅で唯一、宿を予約していないので、まずは、宿探し……なのだが、列車を降りて駆け込んだのは、おトイレ。

そして、ないのはトイレの紙だけじゃなく、駅には、パンフの類は全くなかった。さて、つまり、情報がない。どうやって宿を探そうか……

駅前の広場で、タクシーの運転手に「宿が集まるこの辺りまで」と、地図をみせて頼んでみたが、「どこへ行きたいんだ？」と聞き返され、話が かみ合わない……

そこへ、地元の人らしき女性がやってきて、あいだに立って通訳してくれた。そして、少し考えてから、「宿を探しているなら、友人が経営するゲストハウスに連絡してみましょうか」と提案してくれた。

私たちの言った条件を伝えてくれる。

彼女の車でそこまで送ってくれるという。

道中、「そこが気に入らなければ、断っていいからね。私に気を遣わないでね。ほかの宿にしてもかまわないから」と、何度も言ってくれた。「その時は、ほかをまわってみましょう」とも。

ラムパーン、いきなりステキな人に出会えました。

彼女は、ご両親を迎えに駅に来ていたそうです。

＊彼女はよい人でしたが、旅では、偶然を装って現れる怪しい人もいますのでご注意を。

古い町 お散歩

無事、宿が決まり、さっそく町の散策に出かける。古い木造建築が残る町、と聞いているので、期待が膨らむ。

＊宿については31頁

アートセンター

宿の向かいに、さっそく魅力的な建物を発見。門をくぐると、東屋のようなところで、10代の子たちが、何か作業をしていた。

หอศิลป์ลำปาง
LAMPANG ART CENTER

建物内には、油絵作品が展示されていた。

東屋。

数十枚の紙を束にしたもの。そこにノミをあて、力強く模様をくり抜いていくと、美しい透かし模様が出来上がる。

こうした飾りに使われる。

みせて
みせてー

ステキな町並み

木造2階建ての、商店や民家。とても趣がある。なんとなく日本に似てるよね。チェンマイも、昔は こうだったのかなあ。

最初、お店が開いてなくてガッカリしたけど、閉まってるからこそ、木の「面」が多くなって、より味のある茶色い町になってるの
なるほど

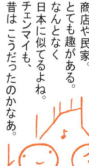

歴史的建物

100年ほど前に建てられたという、風格のある建築物も点在している。

白やベージュに塗られた透かし模様もステキだね

そのうち1軒は、現在カフェになっていて、中に、この町の建物を紹介する展示があった。

このカフェに行こう
またおなか痛い…

民家がステキ

上のような建物だけをみてまわるなら、さほど時間はかからないけど、どちらかというと、普通の民家や、1本入った小道がすきなので、そうなると、町歩きは、エンドレス……

高床式かな？「2階に玄関」のおうち、多いね

庶民的な家も、高級な家も、素材や工法が似ているからか、町に統一感がある。

格子戸と小さいベランダが、日本と似てるね

おばあちゃん困惑

同じ場所で行ったり来たりしてる私たちをみて、「どこに行きたいの？」と、心配そうに声をかけてくれた、おばあちゃん。

この〈あてもない散歩〉をうまく説明できず、つい、「ナイトマーケット」と答えると、「あっちだよ」と、大通りを指さした。

「ありがとう！」と言いながらまた脇道に入っていく私たちを ずっと気にかけ、しまいには、追いかけてきて「違う」と教えてくれたので、おとなしく、その方向へ歩いた……

「あの人たち、どんだけ方向音痴なんだ？」という顔で、手を振っていたおばあちゃん。

挙動不審で ごめんなさい……

六角形？中が気になる

質素かっこいいおうち

みなどこか、品のいいデザイン。

レトロな窓ガラス、いい味

ん？これって民家？だとしたらお金持ち

もっともっと

いくつもの建物をみているうち、
いくつかの特徴に気づく。

拡大

ヨーロッパの「偽窓」の逆？
ニセモノに みせかけて、
ホンモノ。

拡大

透かし

ヒサシなどを飾る透かし彫りは、
さっきの子たちが作っていた
紙細工とそっくり。

影がかわいいの

アートセンターの建物にも。

平たい

扉や窓を閉めた時、
壁との凹凸が
ほぼなくなる
デザインが多い。

戸板や
壁が
板チョコ
みたいで
かわいい

ベンチ

2階の踊り場は、
柵の一部が、出窓風の
ベンチになっている。
省スペース？
風通しがよい？
大きい人が並んで座ると
もげそうで怖いけど、
ステキなアイデア。

お店の男の子

小さな食堂の店先で
こちらをみていた、
5、6歳の男の子。
目が合うと、
私たちに
小さなあいさつをした。
「ニーハオ」。
こちらが
「コンニチハ」
と返すと、
ハッとした目をして、
腑に落ちたように
3回うなずいた。
照れて真顔のままの彼に
手を振ると、
はじめて笑顔になり、
ほんの一瞬だけ、
手を振り返してくれた。

ナイトマーケット

夕方、陽が斜めになる頃、
誰もいなかった通りに
お店の準備をする人たちが現れ、
そして、あっというまに、
そぞろ歩く人たちで埋まった。
うれしいのは、
地元民99%（たぶん）なこと。
「住む人のための夜市」
という、
本来の姿を
みせてもらった
気がする。

夕方5時前には、人もまばら↑……だったが、
……30 分もしないうちにこの人出。 ↓

いい雰囲気〜

チェンマイのウィークエンドマーケットも 地元民が多いけど、ここは、それ以上。

ラムパーン夜市の印象

・観光客は私たちだけ？？
あと全部、地元の人っぽい。
欧米人もほとんどいない。

・人出も規模も ちょうどいい。
（これって結構重要）

・この夜市にないもの
・ゴミ箱　・お茶
・イス　・かき氷
・ビール
・パッタイ（1軒あった）

・夜9時にはお開き。
町全体も真っ暗に！

建物ライトアップ

カフェ。

2階までライトアップされると、建物が大きくみえるね
昼と夜両方みられてよかったー

おお、透かし彫りにはこんな効果があるのか〜

ともしびアート。

アートセンターもこんなにおめかし。

脇道にも、
ぎっしりお店が並んでた。

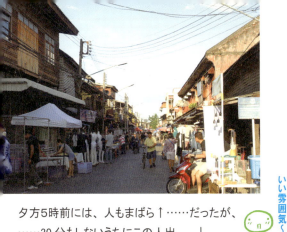

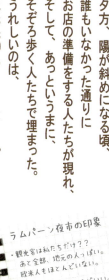

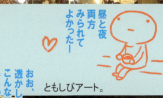

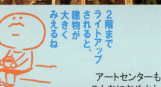

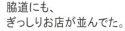

お店いろいろ

出てるお店も地元の人向けなので、ぶらぶらするだけでたのしい。ローカルで面白いお菓子、「虫」屋さんの隣にパンツ屋さん……

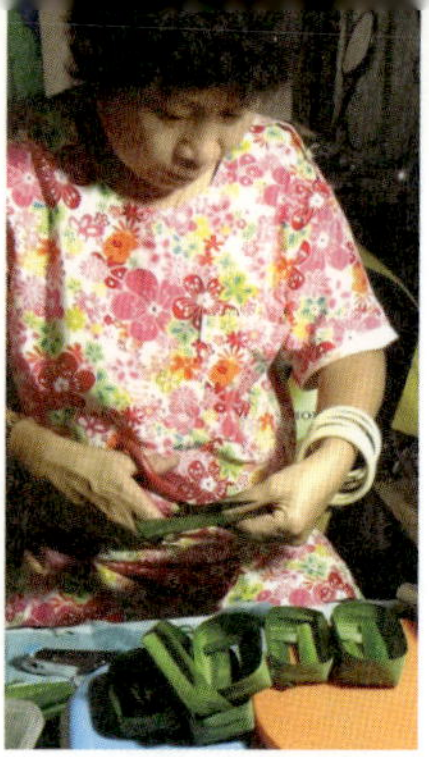

「笹」で、料理を入れる器を制作中。

「虫」屋さん。コップ1杯10バーツ。カリカリに揚げてあるので、食べられそうな気もするけど……

ここのよさ、力説

昼にアートセンターで「透かし彫り」について説明してくださった方と、再会。この町への感動とスバラシさを、つたない英語で伝えてみる。

この町の建物も、このナイトマーケットも、ありそうでない、貴重なものだと思います。旅人にとって、町の規模もちょうどいいし、すごく特徴的というわけではないけど、とにかくいろんなことが「ほどよい」んです。こういうことは、ガイドブックでは見つけられないし、出会うのがむずかしいんですよね

?

↑……的なことを伝えたかったが、実際には、そんな微妙なことは伝えられず…

試着室

露店で、よさそうなショートパンツを見つけた。試着ＯＫだと言うが、「路上で?」と、戸惑っていると、裏の土産物屋の「トイレ」に案内してくれたが……

路上のほうがよかったか?
プルプル
流すとあふれるトイレ↓

床が水浸しで、備え付けのサンダルは、びちゃびちゃ。濡れないように…コケないように…と、キンチョウの試着。

食堂とタガメ

外の食堂で食事をしていたら、ゴキブリが飛んできた!……と思ったら、お店の従業員が大喜びで捕まえて袋に入れ、ウットリしている。ニオイを嗅ぎ、みせてもらうと、タガメ。青いバナナや洋ナシのような香りがするとか……

次、私ね
スーハー

従業員が、交替で嗅いでる。

なんか、モザイクかけたくなるような光景だ……

通りに置かれたテーブルで、行き交う人を眺めながらの食事。

カノムチンという、そうめんに似た麺料理を食べた。(実際は米麺)

↑低いイス、銭湯みたい。

↑竹製のテーブル。

夜9時になると店はどんどん片付けをはじめ、あれだけいた人々も、一気にいなくなった。町全体も真っ暗に。

驚いたけど、チェンマイやバンコクのほうが異常なのかもなあ。

この健全さ、いいなと思う。

じつは…この宿

紹介してもらったこの宿、
小さいことだけど、
困ったことが あちこちに。
悪口に思われちゃうかなぁ、
書こうか、やめようか……
でも ちょっと面白かったのと、
安宿の雰囲気 満載なので……
……書いてみることにします。

言ってたのと違う

電話では、390バーツ・2ベッドってことだったのに、実際は590バーツでWベッド1つだった。客は私たちだけみたいなのに、2ベッドの部屋はないの？……と、モンモン。

590バーツ、今すぐ現金で。
レシート？…ないです
えー

斬新なエアコン

オンとオフしかない。すっごく暑い（蒸し風呂）か、すっごく寒い（冷蔵庫）か。

ファンもまた、停止 or 強風。
ブォン
ブォン

電球切れ

バスルームの電気が点かない。

途中で切れるならわかるけど、なぜ最初から…

フロントに頼むとクリップ式ライトを渡された。でも部屋のコンセントを使うため、シャワーを利用中、扉は開きっぱなしってことに…

沈黙のテレビ

来てもらったついでにテレビも点かないのでみてもらう。リモコンをカチャカチャと操作するおばちゃん。「どうですか？」と聞くと、目を合わさず、部屋を出て行った……

直らなくって気まずいということでしょうか

痛いベッド…

ベッドの角にヘンな突起があって、どう気をつけても足のすねをぶつける。誰ですか、こんなデザイン考えた人は……

10回くらいぶつかったあと、全く学習できない自分をあきらめ、ベッドカバーとカゴを使って対策。

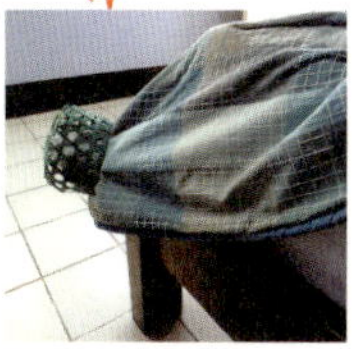

定番な、残念

・お湯が出ない。（一瞬出るが、冷めたお茶の温度）
・アメニティ一切なし。（石鹸さえも）
・バスルームが虫だらけ。
・掛け布団は、小さなタオルケット1枚だけ。

横に使って、おなかだけ。

朝は、完全に水だった…

よかったこと

・トイレットペーパーが、業務用の太巻きだったので追加を頼まずにすんだ。
・この旅で唯一、ティッシュが置いてあった。
・窓からみえる中庭がかわいかった。（この写真）

風が吹くと、ふわっとプルメリアの香り♡

翌日…

朝6時、階下からの爆音に起こされる。カフェの開店準備だろうか。じゃあ、朝ごはんはそこで食べようか、と降りていくと、誰もいない。真っ暗。……結局、チェックアウトの10時になっても、誰もいなかった。さよならを言うこともできず、宿をあとにした。

夜逃げ気分

馬車で観光

宿をあとにし、気を取り直し……
この町の名物だという、
花馬車に乗ることに。
が、その乗り場が見つからない。
聞けそうな通行人も いない……

馬車は どこだ?

地図に書いてある場所に行くが、見当たらない。
やっと、おじさんが通りがかったので、
聞いてみる。

はて…馬車ねぇ
?
名物なんじゃないの??

あんまり有名じゃないのかな。
……反応が薄い。
それでも
おじさんが何人かに聞いてくれ、
そのとおりに歩いてみる。

あったぁ～

スポットライトが
あたっているかのように
キラキラと輝いてみえた、 馬車乗り場。

馬車に乗って

通常は「〇分間周遊して〇バーツ」というシステムらしいのだが、
少し離れた場所に行き、そこで ゆっくり見学したいので、
「片道」の交渉をする。

じゃあ、
30分300バーツの
周遊の料金で、
ちょっと
観光しつつ、
最後はここで
降ろしてね
←町の地図

まずは、「ガソリン」を入れて。

花馬車の花は、造花。

かぽ かぽ かぽ かぽ。
強い日差しの中、
のんびりと進む。

馬さん、
お疲れさまです。
ありがとう。

バーン・サオ・ナック

100年以上前に建てられた、お金持ちの民家…といった建物。

高床式で、チーク材を使った優雅なつくり。

壁も床も柱も手すりもツヤツヤ

当時の暮らしぶりを想像しながらみると、なおたのしい。

ここにも透かし彫り。

床がピカピカ。足の裏が黒くならなかった。

開放的なつくり。

家財道具も多く残されているので、生活が感じられ、わくわくする。

レコードプレーヤーがいくつもあるよ

いろんな年代のものがあるから…きっと何世代にも渡って住んでいたんだね

食器もいっぱい

ん？この家具どうなってるの？開けるところがない……

あ、脇に扉がある。何かの家財道具に合わせて作られた家具なのかな

もったいない

改修された箇所に、安っぽい建材を使っているのは、とても残念。

天井はベコベコなプラスチック板。

雨漏りあとか？

もしかしてシールで貼るやつ？

やけにソフトな床。木というより木目調？

どうしよ、帰り道

片道でお願いした時から わかってはいたが、帰りの「足」がない。
ここは、町なかから少し離れていて、乗り物がつかまるかどうか、未知数。
とりあえず、通りに出て、町方面に歩く。
案の定、通る車は少なく、乗せてくれそうな乗り物は皆無。
午後1時半、一番暑い時間帯だ。
10分ほど歩くと、はるか向こうから、なにやら変わった乗り物が走ってきた……

チェンマイに帰ろう

後ろからやってきた、不思議な乗り物。

もしかして、その脇のハコは、人を乗せるものですか?

このチャンスを逃すまいと、慌てて声をかける。

すみませーん、乗せてぇ〜!

この乗り物に1票♡

おじさんは ちょっと戸惑っていたので、人を拾うために走っていたのではないかもしれないが、これを逃したらあとがないと思い、どうにか、バス乗り場まで行ってくれるように、お願いする。

スペースが広いし、なんといっても見晴らしがいい。
そして、ちょっぴりスリリングなのが、またいい。

急ブレーキされたら前に飛び出すね

席が、Lの字になっていて開放感のあるつくり。

アトラクションみたい
見晴らし最高〜

「ラムパーン いい町 ですね!」と言ったら、真顔で、「いや、チェンマイの ほうがいい」と言われた…

バスの旅

帰りは、バスで戻ることに。

予約も下調べもしていなかったが、30分後に出る、チェンマイ行きのバスチケットを、無事ゲット。

親切な女の子

出発間近になってもバスが現れず、乗り場が違っているのかと不安になり、近くにいた女の子にチケットをみせてみる。「ここでいいはず」と確認してくれ、そのあともずっと、私たちの乗るバスを気にかけてくれていた。

……きゅん。

行きの鈍行列車は 2時間半かかったのに、帰りのバスは、たったの1時間半。
それも、冷房の効いた快適な室内で。

座席は新しく、水やおしぼりのサービスもあり。

でも、なんでだろう、列車のほうがたのしいよね
ずっと寝てたアナタが言う?

乗り物

町から町への、移動

「移動の旅」は、「一都市滞在型」と
同じ旅とは思えないくらい
パワーが必要だ。

まず、出発前に
・ルートを考える。
・乗り物や宿の予約も、複数必要。

パズルみたいでムズカシイ…

4都市だと、移動3回、宿4つ

現地でも、
・大荷物を持っての移動。
・宿で荷物を出したりしまったり。
・移動の時間もかかる。

時間と労力、結構使います

今回のタイも、移動の旅。
それも、タイの面積は、
日本の1.4倍！
もし外国人観光客が
「数週間で、北海道から本州、四国、
九州、沖縄まで、くまなく まわる」
なんて言っていたら 呆れますが、
それ以上のことをしてるわけです。

さて、この大移動、
どんな乗り物で行きましょうか。

勝手に感想

今回は、移動距離が長く、予定が固まっていたので、
ほとんどを、出発前にサイトで予約

列車

チェンマイ→ラムパーン
ウボン→スリン
スリン→アユタヤ
アユタヤ→バンコク

○なとこ
・ギリギリに駅に着いても大丈夫。
・たのしい！ 旅を味わえる。（物売り、車窓…）
・安い。

?なとこ
・遅れることがある。
・車両がボロイこともある。
・列車によっては、1時間前にならないと
チケットが買えないので、ちょっと不便。

飛行機（国内線）

バンコク→チェンマイ
チェンマイ→ウボン
バンコク⇔クラビ

○なとこ
・ピューンとひとっ飛び。

?なとこ
・予定の変更ができない。（格安航空券）
・空港には、2時間前に到着しないといけない。
・時間の変更や遅延も、結構多い。
・…となると、列車やバスより時間がかかることも。
・お高め。

うーん

長距離バス

ラムパーン→チェンマイ

○なとこ
・ターミナルが町なかにあるし、
観光地を網羅しているので利用しやすい。
・おしぼりが出たり、席も広く涼しく快適。

ランクによります

?なとこ
・長距離バス・夜行バスは、危険というウワサ。
（現地旅行会社が運営してるのがヤバイらしい）

荷物の盗難とか

結論…？

列車が、一番「旅」ってかんじがするなあ。
飛行機は、丸1日つぶれるから、かえって時間がかかると実感。
次回はナシかな―…… バスは便利だけど、ちょっと味気ない？
あ、「寝台列車」もいいな……

象祭りへの経由地、ウボン*へ

＊正式な地名は「ウボン ラーチャターニー」。

チェンマイ→ウボンは、飛行機で約1時間半。

ウボンへ行く、ウボンへ行った、と言うと、タイの人は「なんでまた?」と目を丸くする。チェンマイからスリンへ行くのに、ちょうどよい**中継地点**なんだよと言うと、納得していただけます。

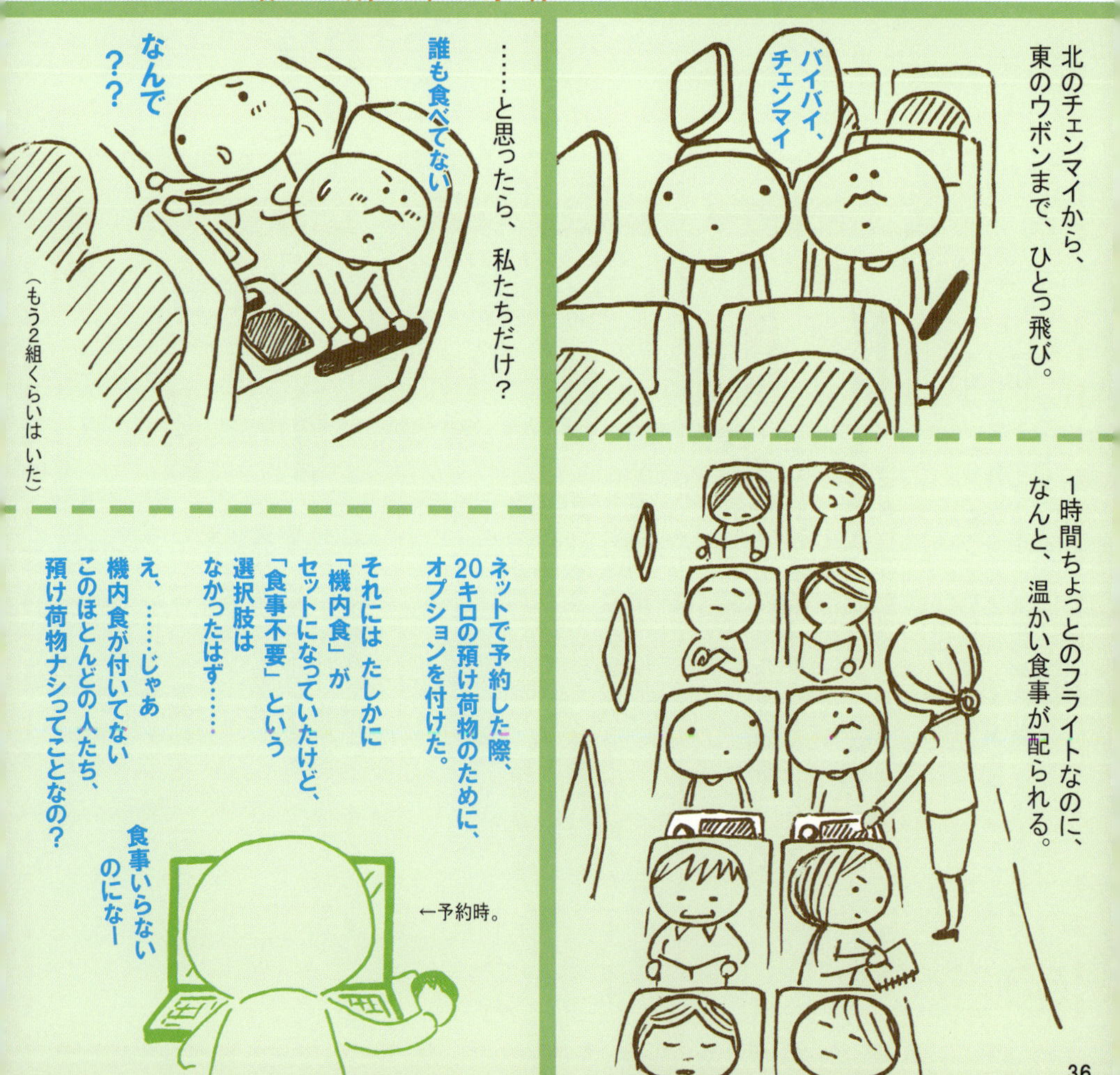

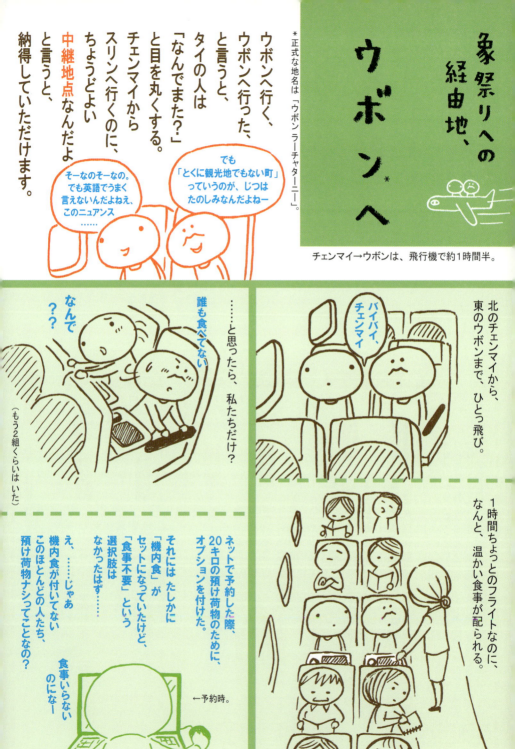

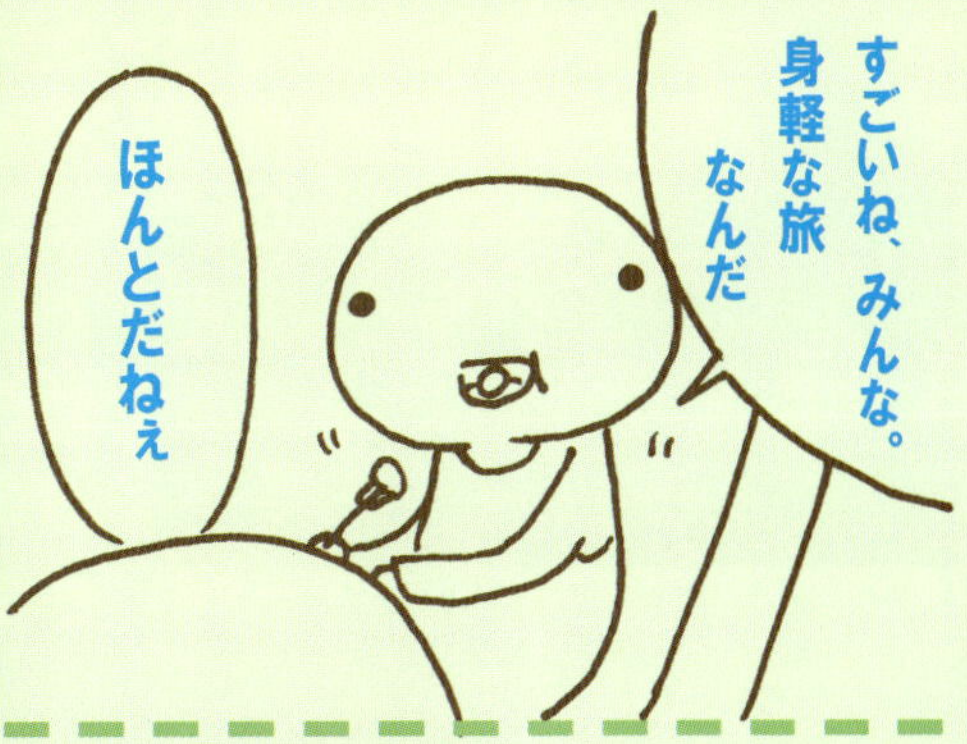
すごいね、みんな。身軽な旅なんだ
ほんとだねぇ

空港内のレストランで、
あんなに がっつり 食べなきゃよかった……
でも、もったいないので、
これも完食。

チキンカレーと卵焼き。

ぷふぅ～
くるしー

不本意な満腹。

ウボン到着。タラップで、飛行機を降りる。
いきなり ものすごい日差しに出迎えられる。

うわぁ
あぁつぢー

すると、
降りたところに
日傘のサービス。

空港の建物まで
せいぜい
1分ほどだけど、
この日差しでは、
大変ありがたい。

ちなみに……
乗客ほぼ全員、預け荷物があった……

もしかして日本語のサイトでは
強制的に、機内食付きの高いオプションしか
選べないようになっているのか？

このあとに乗ったバンコク⇔クラビ間でも、
ほぼ私たちだけ、しっかり機内食が付いていた。

それを食べていると、明らかに まわりの人が
「こんな短いフライトで、食事なんて付けてるよ」
って目でみているのを感じた。

そして、カレーの香りが
機内に充満して、恥ずかしかった………

ウボンは、
空港から市内まで、
ほんの1キロくらい。

なんてスムーズ。空港から7分で宿に着いちゃった

タクシーで、
あっという間に、
宿に到着。

1時間休んで、
夕方4時。
その頃
には、
日差しも
少し
和らいで
いました。

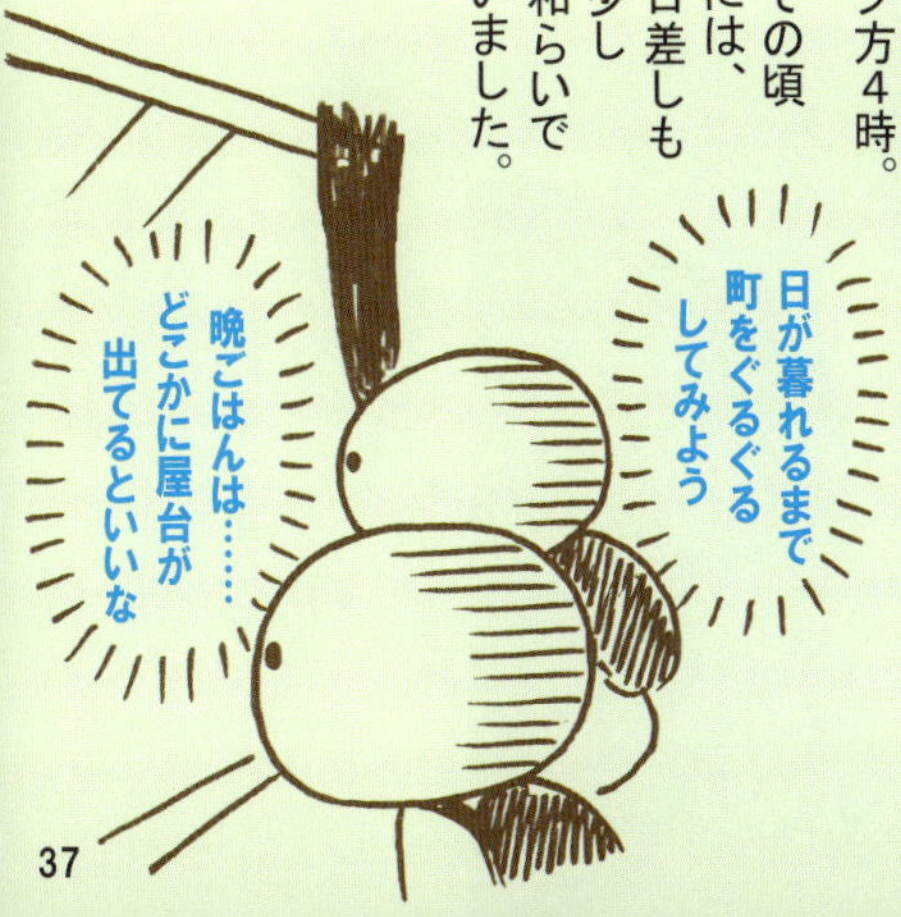
日が暮れるまで町をぐるぐるしてみよう
晩ごはんは……どこかに屋台が出てるといいな

ウボン、ぶらぶら

みなきゃ行かなきゃ、というものが
とくにないまま町を歩くのは……
たのしい♡
それは、
ノルマから解き放たれた
解放感でもあるし、
面白いものを見つけた時、それが
まるまる自分のお手柄だという
ヨロコビでもある。
さあ、知らない町を
探検してみよう。

お寺というより…

ん？
このお寺、
なんだか
面白そう…

仏像やら象やら龍やらが、びっしりと置かれている。
まるで、展示場。仏像置き場？？

大きな仏像があって、「ああ、これがメイン
なんだな」と思いながら振り返ると、背後に
もっと大きな御方が……を何回もくり返す。
（写真はほんの一部。とても載せきれません）

仏さま、
何人
いるんだ
？？？

この御方が
ラスボスか？

いや、
あっちにもっと
大きいのが！

小坊主さんが
修行中。
うん、
「お寺」では
あるようだ…

有名な大寺院の見学だと
ヘトヘトになる私たちも、
このお寺は、
みればみるほど
面白い発見があって、
全然疲れない。

大、中、小、
金、白、
ほっそり、
ぽっちゃり、
フツーの動物、
架空の動物、
なぜか兵士…
何百体あるのか

迷い込む

さらに、ぶらぶら、
川岸に向かって歩いていくと、
人々の暮らす集落があった。
なんとなく、
入ってはいけない雰囲気。

そして最後に
野良犬が立ちはだかって、
ゲームオーバー。
……ひき返しましょう。

夕暮れ市場

もう夕方5時近いというのに、
食料市場が開いていた。
広い通りに、店がずらりと並んでいる。
いいね、夕暮れ市場。
涼しいし、早起きしなくていいし。
日本の商店街にも似ている。

きれいに並べられていて、
種類も豊富。

バイクに またがったまま買い物をしてる人が多かった。
ドライブスルー的な？

背景の建物と植物が…
なんとものどかだね

屋根のない、簡易的なお店も。

電球の下で、豪快に肉のカタマリを
たたき切るおねえさんに見とれたり……

ブルータイムに、市場の灯りが美しい。

おっと……

暗くなるにつれ、
店先に、番犬のように
犬が現れる……

さらに歩くと、またお寺が。

こんなに輝いているのに、
このお寺も、
ガイドブックには
載っていなかった。

ライトアップが
きれいだったので
門の外から
覗いていたら、
おじさんが、
カギを開けて
中に入れてくれた。

ほんの2時間くらいのお散歩だったけど、
この町をたっぷり堪能した気がした。

そろそろ中心部に戻って、
晩ごはんを食べよう。

夜の過ごし方

町の中心に戻ると、沢山の人がいた。
涼しい夜の時間を、
それぞれに たのしんでいる。
エクササイズをやっている人たち、
踊りの練習をしている大学生、
夜店のテーブルで一家団欒、
ジョギングや散歩をしている人、
ただただ階段に座って
涼んでいる人……

インストラクターが現れ、コミカルな音楽に合わせて、100人以上がエクササイズ。

この町の人々には
あたりまえの光景でも、
こんなふうに
毎夜、集まれる場所があるのって、
日本では あまりみないなあ。
（祭りの時くらい？）
うらやましい。

学生たちはミュージカルの練習かな？

屋台街へ

そして私たちは、もちろん「食べる人」。

昼間、
「何だろう？
この空き地」と
思っていた場所に、
びっしりと
お店が並んでいた。

地元の人の食卓って雰囲気だね
どんな料理があるのかなー

お店の数が ほどよく、
テーブルも充分にあり、
人出も ちょうどよい……
ここもまた「ほどよい」屋台街。
広場なので、全体を見渡せるし。

お店を全部みてまわって、あれとこれ、って目星をつけて、もう1回戻って買いに行ける……って、いいねー

巨大市場だったり、まっすぐ1本道の屋台街だと、規模もわからず、この先にもっといいものがあるかもと思いつつ、でも適度なとこで買わないと……っていうの、結構ストレスだったんだ

……大げさですが、そんなことを思いました。

今思えばチェンマイは大規模すぎ、混みすぎ、外国人多すぎ、だね
あれは普通じゃなかったって今気づいたよ

焼きおにぎり、豚串、ソーセージ。

この豚串、やわらかくて味が深くておいしい！

スパイシーなごはんと、春雨が入ったソーセージ。

2日めも、全く同じものを食べた。

旅では、いろんなものを食べてみようと思ってるんだけど、ガマンできず、リピート

ピーナッツ系の甘いタレを付けて食べる、また違った豚串。

タイ東北部ではガイヤーン（タイの焼き鳥）が名物。

みためタンドリーチキンに似てるけど、あんなにキシキシしてない

やわらかくておいしい

10バーツと安かったけど、食べられる部分が少なかった。

大根餅に似たもの、3種類。

シイタケ入りは、肉まん味。

ほくほく、タロイモ入り。

食欲そそるネギ入り。

屋台料理だけでなく、こういうちゃんとした料理も食べられるのがステキ

空芯菜炒め。コクのある、タイ味噌味。

洗濯大会

ガイドブックに、「日本人経営のコインランドリー」と
あったので、数日前からそこに行こうと、ためていた洗濯物。
夜9時近くに向かったら……

閉まってる……

勝手に24時間と思い込んでた……

ため込んだ洗濯物が、湿っぽい……
そのままにするわけにもいかず、急遽、部屋で大洗濯大会。

洗面台で。

レジ袋（またはジッパー袋）に入れ、外側から押すようにもみ洗い。洗濯物もまとまるし、手も荒れない。

↓

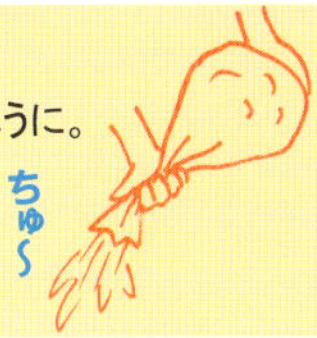

脱水は、こんなふうに。

洗面台に押しつけると絞りやすい

↓

タオルでぐるぐる挟んで、ぎゅー。

干す前にできるだけ水分をとる。

手洗いでは「脱水」が一番大変だ

洗ったはいいが、
干すところに悩む。
ライトと窓枠に
ヒモを渡し、
なんとか完了。
明日までに
乾くかなぁ……

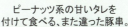

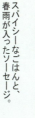

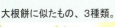

暑い日の散歩

ウボンには2泊だけなので、丸1日あるのは今日だけ。小さい町なので、くまなく歩いてみたい。
でもこの日は気温35度超え。どこまで体力がもつでしょうか。

市場へ

昨日の夕暮れ市場とは違う、王道の市場。10時頃行くと、もう終わりかけていた。

その中の麺屋さんで、遅めの朝ごはん。片付けはじめてる中、1杯、と、指で示し座ってみた。

いーい?

無表情で出してくれた米の麺は、アジノモト強めのお味。

青パパイヤを千切りにし続けるご夫婦。加工して食堂に卸すのかな。

しかし、持ったまま千切りってすごいなー
まずはタテに切り込みを入れるのか…

お寺その1

ワット・シーウボンラット

ガイドブックに、かの有名なエメラルド仏と同じ様式の仏像があると書いてあったので拝見しに。しかし、どうみてもエメラルド色ではなく、琥珀色。同じなのは「様式」ってことか。

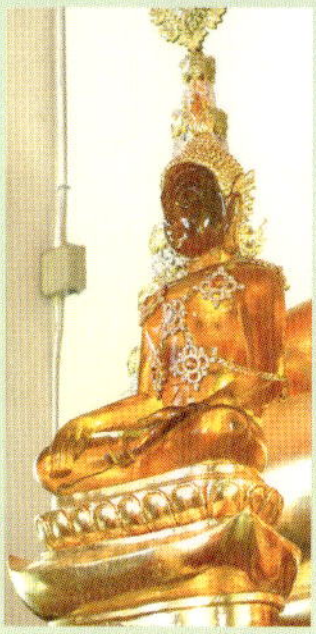

でも透明感は似てる

水分補給

強烈な日差しで、10歩進んだだけでもクラクラ。奇跡的にジュース屋さんを発見。

HugCha
オ〜ア〜シ〜ス〜

女子高生が集まるカフェ。

ストロベリー系　抹茶系

ひえひえ

飲み終わったあとの氷が もったいないので、ジッパー袋に入れて、脇に挟む。

お寺その2

ピンクと白がかわいいお寺へ。

ワット・スパッタナーラーム

お寺は私たちにとって、見学する場所ではなく、お堂で休ませてもらう場所に なりつつある……

スズメたちが 私たちの顔をかすめ、仏像の頭にとまった。彼らも涼みに来てるのかな。

息子自慢食堂

食堂を見つけたので、休憩がてら昼食。
しかしこの店にはメニューがなく、注文するのに四苦八苦。

「ちょうどいい」かんじのお店。

なんとか、「豚（ムー）」「野菜（パッ）」という単語と、炒めるポーズをして、「肉野菜炒め」と伝えた……

オォ、OK OK
こうしてこうして
エア炒め。←
←エア鍋振り。

……つもりだったが、「豚」と「野菜」の、2品が出てきた。

スゴイデスネー

「東京でシェフをしている息子さん」がご自慢のようで、写真を沢山みせてくれた。

お寺その3

森の中みたいだけど、町の真ん中にあるお寺。

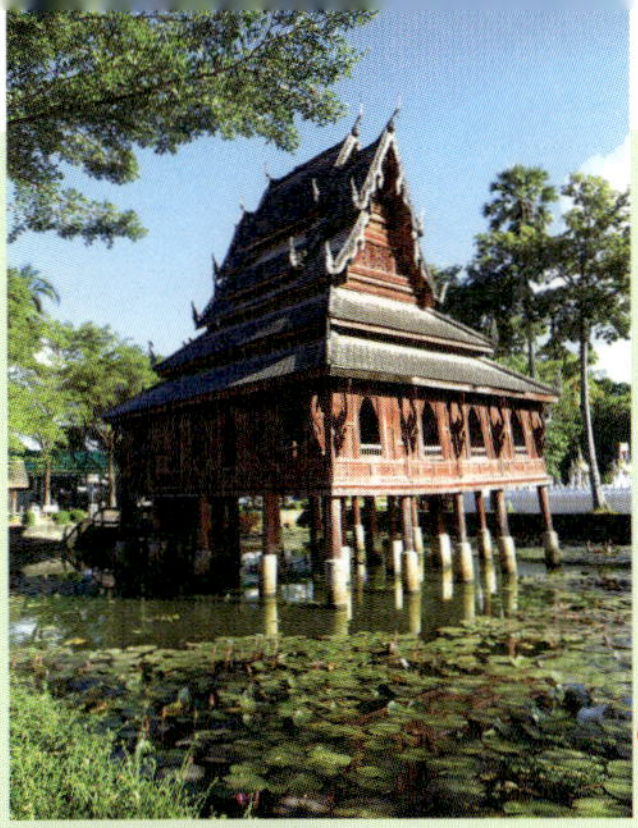

ワット・トゥン・シー・ムアン

池の上に建てられた「経蔵」（経典などを収める蔵）がステキ。でも眺めるだけにしたほうがいいかも。中の廊下はカビ臭くて、ハトのフンや死がいが……

そして……

ZZZZ

敷地内のお堂では、壁画をみながらまた休憩……

コーヒータイム

女の子が営んでいた小さなコーヒースタンド。思いがけずおいしいコーヒーをいただく。

私たちをみて、「ニッポン？」とだけ言って微笑んだ。

宿に戻る

一旦、宿に戻って休憩する。何気なくメールをチェックしたら、この先の飛行機の予約で問題発覚。* その対処やら、不安やらで、ぐったり……

暑さバテも合わさって…1時間以上寝た。

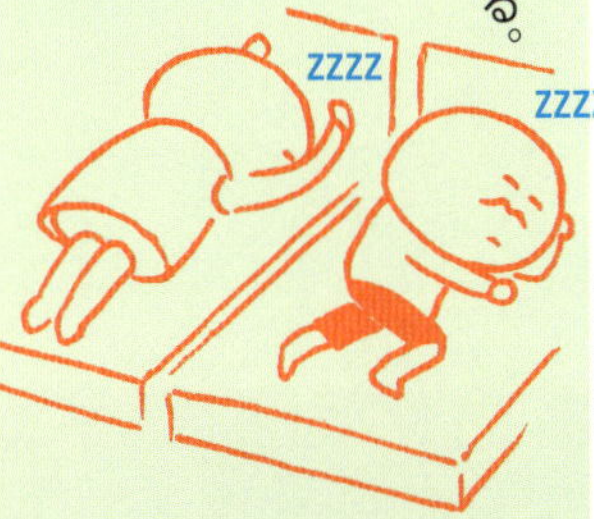
ZZZZ
ZZZZ

…ちょっと寝たら、気分も体力も回復。

ムクッ
ハラヘッタ

*86頁に詳しく。

屋台街

さぁ、出かけよう。1日の最後は、もちろん屋台街。

よーし、食べるぞー

ウボン走馬灯

大きな出来事が
あったわけじゃない。
ひとつひとつは
小さなことで、
わざわざ
言うような
ことでもない。
でも、こうして
並べることで、
それは
「旅」となる。

便利なテーブルセット

歩道に時々、コンクリや大理石製のテーブルセットが置いてあった。おそらくそこの店の人が使うんだろうけど、お店が閉まっている時間、休憩に使わせていただきました。

コンビニで買ったものをここで食べたり。

なぜここで？

私たちしか歩いていない、寂しいシャッター街。
……に、突如現れた、キャンペーンガール。
妖精のようないでたちで、ドリンクの宣伝。

ハ、ハロー
この「通り」をみたことがない会社が派遣したんだろうな…

ほんとにきれいな人だけに、……浮く。

……お互い気まずい。

鳥が多い

町に、「鳥」が多いように感じた。
・ずっとムクドリの鳴き声がしている。
・ホテルの窓枠は、鳥のフンだらけ。
・お寺のお堂にスズメが出たり入ったり。
・お寺の建物に、ハトが住みついてる。

・歩道になぜか大きな鳥カゴがあり、中にニワトリがいる。

それでなのか、ウボンの町は、ずーっと、鳥のニオイがしていました。

ウボンの女性①

この町の女性は、華奢で、さっぱり顔でかわいらしい。どこかでみたような……と思ったら、壁画によく出てくる女性だー

こんなイメージ。

ウボンの女性②

食堂で隣にいた女性たち。これから踊りのお仕事なのか、お化粧も髪型もバッチリ決まってる。食事を終え、バイクに乗って帰っていったが……

ヘルメットが浮いてる！

ウボンの女性③

屋台街で見かけた、カーラーを巻いた人。ぜひ、明日会ってみたい。

ろうそくの町

毎年7月に
ろうそく祭りが
行われるとか。
この金ピカな塔も、
ろうそくのモニュメント。

ピカピカ自慢〜

この御方は もしかして仏さま？
寝たり座ったり、いろいろあるが、
泳いでいるとは、 レアなポーズ。

スイ〜

後ろ姿の
この躍動感。

ハスの花

ハスの花をモチーフにした
装飾が あちこちに。
かわいい。

たけの○の里じゃないよ。

橋の欄干や 川沿いの柵に。

これは本物。
お供え用かな。

お堂の壁画

お堂に入って……
壁画をみる人。
すかさず寝る人。

下手な（失礼）絵のほうが、
みてて飽きない。

びっ…………くりした〜 もー……

お坊さんの
リアル蝋人形に、
毎回ビビる。

雑貨店

少ないけど、 ステキな
雑貨屋さんもありました。

おばあちゃん
ワッペン。

旅のルートの都合で
訪れたウボンだけど、
名所ではない
「普通の」 町と出会える、
よい機会だった。

ちょうどよい規模で、
ちょうどよい田舎度、
そして観光客は ほぼ
私たちだけだったのに、
ジロジロみられることも
なかったので、
この町で
暮らしているような
気分で過ごせた。

宿

宿の予約のしかた

宿は予約していく？
何を基準に選べばいい？
私たちは…
この旅では…
というものを、
つらつら書いてみます。

予約してく？ それとも… どれが正解？

今回の旅では、日本で予約。(ラムパーンを除く)
飛行機や列車のチケットをとれて、
日程が ほぼ固定されたからです。

メリット
←デメリット

予約してけば現地で探す時間が省けるし、安心感があるよね

でも、出発前にどの町に何泊したらいいかを決めるのはなかなかムズカシイよね

それに延泊したくなっても、予定を変えにくいし

前回の台湾の旅では、旅しながら数日先の予約をする、という方法をとりました。夜、宿で、ネットを使って。

状況に応じて行き先や泊数を変えられるのがよかったよね

天気予報をみて旅程を変えたりね

だけど毎回2時間くらいかかるので、夜の貴重な時間に、そればっかやってた気がするね…

町に着いて、直接宿に行って決めるという方法も。

部屋を実際にみてから決められる、というのがいいよね

ただ、1軒で決まればいいけど、いいところがなかったり満室だったりすると、大荷物を持って、歩きまわることに…

クラビのゲストハウスのロビー。(奥がフロント)
開放的で、わくわくする雰囲気。

宿選びあれこれ 膨大な数の宿から、どう絞る？

私たちが重要視するのは立地。
駅から宿、宿から観光地まで、自力で行かなくちゃいけないので、町外れでは不便。

たとえば、地下鉄の駅が近いとか、
歩いて夜市に行けるとか…
現地での行動を、想像してみるといい

ホテル予約サイトは、位置と価格を同時にみられるものが便利。

価格は、最初、上限 2000 円くらいに設定し、いいところがなければ徐々に上げながら…というかんじで探していき、3～4軒に絞ったら、宿のサイトで写真やレビューをじっくりみて、決定～

私たちの場合、
必須なのは「ツインルーム」「専用バスルーム」、
できれば なのは「冷蔵庫」「広めの部屋」……で探します

実際には、こんなふうに
四苦八苦しながら……

安い宿を探してるとドミトリー（相部屋）がヒットしちゃうんだけど、あれって、どうしてうまく絞り込みできないんだろ？ すごく不便…

あと、「絞り込み検索」の項目、あんなに沢山あるのに、どうして「ツインルーム」って項目が ないのかな。みんながみんなカップルじゃないでしょうに

「シャワールーム」って項目もなくない？

「安宿希望だけど、他人との相部屋や、共同バスルームはイヤ」っていうニーズはまれなのか？

あれっ「冷蔵庫」って項目があるね。前はなかった気が…

「エレベーター」って項目もないよね？ おかあさんと行く時は必須項目なんだけどな……

バンコクの宿はどの辺りがいいのかなあ？

カチャ カチャ

カチャ カチャ

あ、この宿かわいいな♡

旅のコツ

おなかと虫の対策

慣れない土地を旅するには、いろいろと対策が必要です。まずは、衛生的なモンダイから。

おなか対策

避けるべきは、生水、氷、生野菜、貝類、青唐辛子。
しかし、それらに気をつけても、お皿を洗う水が汚かったり
調理器具が汚染されていれば意味がない……
あるいは、菌ではなく、そもそも「水の質」が
身体に合わないかもしれない。

どう対処しようが、あがこうが、
たいてい 2日めの晩にこうなる。→

ぎゅるぎゅるがキター

あたしも今日の朝から予兆が…

気をつけていても、必ずおなかの調子が悪くなる。
それも旅のあいだ ずっと続く。汚い話で恐縮ですが、
日本にいる時は みたことないかんじの ウ〇〇が出ます。

やん

……というわけで、
たぶん、ダメな人は何をしてもダメ……
だと思いますので、あえて対策するとすれば、
上記のものは なるべく摂取しないことと、
「おなかは必ず壊す、と覚悟しとく」
……くらいでしょうか。

一応、除菌ティッシュでスプーンやテーブルを拭いて自衛してました

フードコートにはこんなものも あったよ

スプーンやフォークを消毒するマシン。

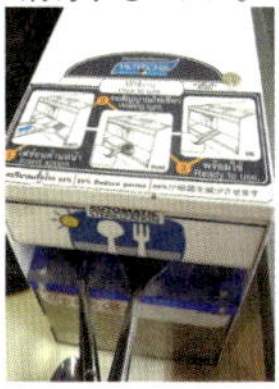

店員さんも手袋したりして頑張ってたよ

（でもその手でお金触ってたけど）

…と言いつつ食べてたもの

氷とハエのダブル恐怖……

ひと口飲んでからみてしまった。ジュース用のくだものを切った「包丁」に、びっしりとハエがたかっているのを。

海辺のカフェで誘惑に負けて、マンゴージュースと、パインジュースを注文。

ソムタム。それは、青パパイヤのサラダ。

生野菜は食べないと言いながら、これはガマンできず食べてました……

でも、食べたあとにおなか痛くなったことないから犯人じゃないと思う……よ？

海外に行く時には、出発の2週間前から整腸剤を飲んで善玉菌を増やして行くのですが、なぜかタイではあまり効果が感じられません…

ほんとはコレをオススメしたかったな…

虫 対策

夜市など、
夕方から
出かけることが
多いので、
蚊の対策は必須。

持っていった
「虫よけパッチ」は、
効いていた気がします。

服の裏
などに。

足りなくなっても大丈夫。コンビニに、
「スプレータイプの虫よけ」があります。

かいー

原因はアレルギーか虫か わからないけど、
ベッドに上がると、無性に足がかゆくなった。
そんな時には、シーツと足に、
このスプレーをシュッシュ。

旅のコツ

暑さと日差しの対策

今回の対策

暑さと日差しに弱い

が
お送りいたします～

頑張って～
暑いのすき→

以前、エジプト旅行記に
「暑い暑い」と書いたら、
「それほどでもなかったよ（大げさね）」
と言われました。
……違うんです。
ツアーだったら、名所の入り口まで
観光バスで連れていってくれますが、
このような旅では、
たとえ路線バスや地下鉄を使っても、
そこから徒歩数分は
外気に触れるわけで、
気候によっては、その数分でも
キケンだったりします。
……というわけで、
この旅のスタイルの、
暑い国バージョンをお届けします。

熱中症にならないためのキーワードは「通気性」かな。
服の素材と形を見直してみよー

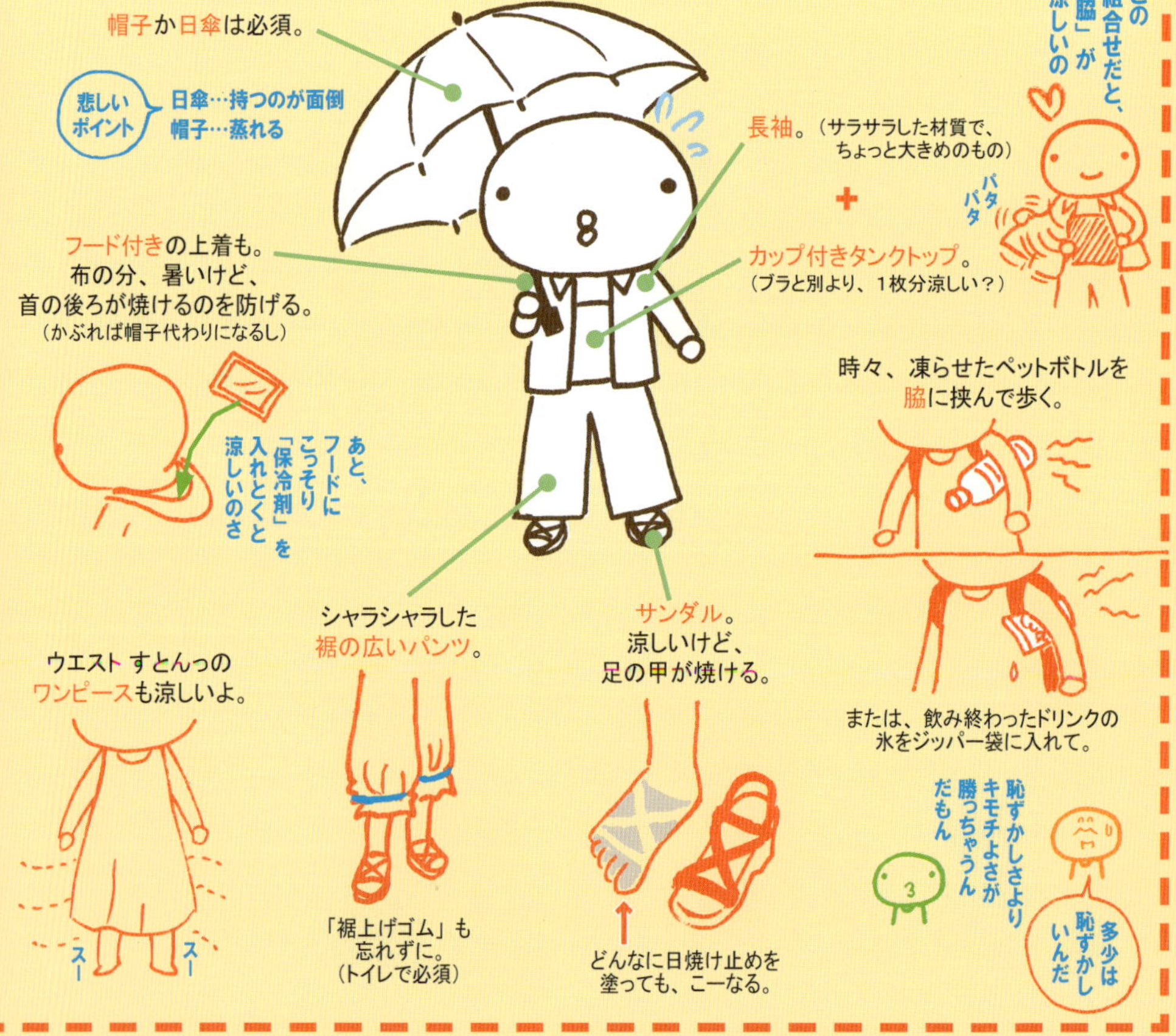
帽子か日傘は必須。
悲しいポイント
日傘…持つのが面倒
帽子…蒸れる
長袖。（サラサラした材質で、ちょっと大きめのもの）
＋
カップ付きタンクトップ。（ブラと別より、1枚分涼しい？）
この組合せだと、「脇」が涼しいの
パタパタ
フード付きの上着も。布の分、暑いけど、首の後ろが焼けるのを防げる。（かぶれば帽子代わりになるし）
あと、フードにこっそり「保冷剤」を入れとくと涼しいのさ
時々、凍らせたペットボトルを脇に挟んで歩く。
または、飲み終わったドリンクの氷をジッパー袋に入れて。
ウエストすとんっのワンピースも涼しいよ。
スー
スー
シャラシャラした裾の広いパンツ。
「裾上げゴム」も忘れずに。（トイレで必須）
サンダル。涼しいけど、足の甲が焼ける。
どんなに日焼け止めを塗っても、こーなる。
恥ずかしさよりキモチよさが勝っちゃうんだもん
多少は恥ずかしいんだ

旅のコツ

疲れることの対策

暑い中を歩くのは、疲れる。
「日本だって同じくらい暑いよ」
……たしかに そうですが、
日本で暮らしている時に、
これほど炎天下を歩くことは ないでしょう。
旅では、時間が もったいなくて
ついつい ムリしてしまいます。
私たちなりに、**倒れないために工夫**していること、
あれこれ。

あ、そうか 日本に来る 外国人観光客は 大変って ことだよね…→

むやみに歩かない

場所が わからないのに とりあえず歩き出して、
結局、ウロウロぐるぐる……
こんな ちょっとしたことでも、炎天下では致命的。
ルートを確認してから歩くとか、
移動時間が短くても タクシーを使うとか、
計画的に。

逆に、日が暮れてからなら、
無計画なぶらぶら散歩、します

観光の順番も工夫して

暑い日中は、博物館やデパートへ、
または思い切ってホテルで過ごす。
そして日が暮れてから賑わう夜市などを
その日のメインにするとか。

一番 疲れるのが、じつは 「日中の お寺観光」 なの…

お寺観光は、朝方や夕暮れがいいな。
そんな時間に ずらせるのは、
個人旅行ならではだし

ただ、イヌと蚊に気をつけないとね。
ヒトが元気な時間は、彼らも元気なの

休憩を多めに

意識的に、定期的に、休憩しよう。
カフェ巡りも観光のひとつ、と割り切るなどして。
とくに、連れのいる旅では、相手の体調に合わせよう。

あの…きゅ、休憩しない？
あっ！

↑
じつは
炎天下じゃなければ
いくらでも歩ける。

予定を立てる段階で、注意

観光の予定を詰め込まない！

予定に組み込んじゃうと、
行かなくちゃいけない気がしてくるから注意。
ガイドブックを読みすぎないほうが いいかもね

夜行バスや寝台車の利用……は、
一見、時間短縮だけど、
もし寝られなかったら、次の日疲れて
観光できなかったりするリスクも。
体調と年齢を考えて、慎重に～

たとえば、夜行にしたら、途中の風景が みられない。
車窓からの景色も「観光」と考えれば、
移動も、ムダな時間じゃないよね

1週間以上の旅なら、
旅程に1日「空白」の日を入れる。

予定が ずれ込んだら、そこに入れればいいし、
そうでなければ、現地で新たに やりたくなったことに
当てられる。もちろん、「何もしない」もいいし。
旅をしてると、予定がないってことが、
とても わくわくすることに なったりする

乗り物

たのしい列車の旅

列車に乗ると、旅をしてるなーと思う。駅、ホーム、車内、車窓、隣り合わせた人たち……ベタだけど、旅を、そしてその国を感じるなら、**列車の旅**が一番！

ドンムアン空港へ向かう列車が、ホームに入ってきた。アユタヤ駅にて。

おっ、時間どおりに来たぞ

ホーム

ホームには、イスが沢山ある。
（写真はラムパーン駅）

わかる～
ヒンヤリ

スリン駅でも、イスは空いていたのに
わざわざ地べたに座る人たち。
なぜだろう。……あ、もしかして、
タイルの床だと座りたくなっちゃう？

冷たくてキモチイイから!?

切符の買い方

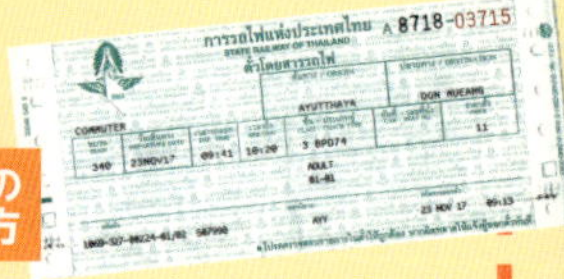

指定席じゃなくても、鈍行列車でも、窓口で切符を買うシステム。しかも、1時間前にならないと売ってくれないので、地味に面倒……

TODAY TICKETS

どっちの窓口が早いかなー

駅前…

チェンマイの駅前…なーんにもない！一応、タイ第2の都市なのに…

パォーン

ちなみに、ウボン駅（52頁）も、始発駅なのに、なーんにもなかった。「駅前」は、いつも寂しい。

目にみえない交流

向かい合わせの席になっている列車では、乗り合わせた人に、あいさつがてら切符をみせ、この列車で大丈夫かと尋ねる。道中、とくに会話はない。いい景色が現れると、一瞬目を合わせ、微笑み合うくらい。でも、目的地が近づくと、手振りで、もうすぐだよ、と教えてくれる。……ずっと、私たち旅人を気にかけてくれてたんだなと思う。交流とも言えない、こんな微かな心のやりとりが、私たちはすきなんです。

ちら
ちら
→自転車のタイヤ
ありがとう、ちゃんと次で降ります

向かいに座ってたおじさん、自分が、ひとつ前の駅で降りる時、私たちがちゃんと、次の駅で降りる支度をしているかを、ちらちら見守ってくれていた。

物売りに目移り

ひっきりなしにやってくる物売りさん。「次は何？」と、好奇心と食欲が止まらない。あぁ、たのしすぎる～

あ、また来たぞー、もぐもぐ。（←まだ前の人から買ったのを食べている）

おもちゃを売っている人も。

68頁で食べまくり～

現地の人が買っているのをみると、ますます買いたくなっちゃうね～

だんだん置く場所がなくなって…
急遽、ペットボトルを切り、
ドリンクホルダーを作る。

乗り込む列車を待っている物売りさん。

タイらしい光景？

一瞬、「おっ、日本語の案内板」って思ったけど……

中途半端な親切

アユタヤ駅に、おもな行き先の「方向」が、各国語で書いてある手作り看板があった。しかし「どのホームから出るか」は書いてない。この駅は、高架橋がないので、向こうのホームに行くには、線路に降りて渡る必要がある。つまり、列車が来てから移動することは不可能。……ってことを、ギリギリで気づき、私たちの乗る列車の着くホームを聞くと……一番奥だった。慌てて荷物を担ぎ、線路を渡った。

渡った先のホームが暑くて、
みんな、日陰に避難。
……ってそこ、線路の上だし……

次の頁では、列車でスリンへ向かいます

スリル満点、開けっ放しで走る列車。

ん？バイク？ ここ、道路じゃなくて駅のホームです……（ドンムアン駅にて）

お坊さん専用車両。

象さんに会いに、象祭り！スリンへ

ウボン→スリンは、特急列車で1時間47分。

ちょうど、年に一度の「象祭り」の時期に当たったので、これは象まみれにならなくては！と、出発前の最初にスリン行きの列車と宿を予約した。でも、祭りの情報があまり見つからず…

日本で旅の準備中。

町から離れたウボンの鉄道駅。始発駅なのに、駅のまわりには、驚くほど何もない田舎駅だ。

駅のスタッフに、予約してあった列車のチケットをみせると、なぜか、ホームとは違う方向に案内された。

高級……というより、セクシーな雰囲気の待合室に通された。

なぜピンクのスケスケ？

私たちが予約したのは2等車なんだけど、どういう基準で、待合室を使わせてくれるのかしら？

しかしこの部屋、……あっつい。期待していたエアコンはなぜか作動せず、全員無言で、扇風機の首の動きを見つめる。

私たちのほかには、タイ人のご夫婦。

こうなると、風がある分、外のほうがまだ、マシなくらい。……厚かましいかなと思ったが、勇気を出して駅長室へ、「エアコンがつかないです」と言いに行った。すると、駅のおじさん（駅長？）がすぐに直しに来てくれ、さらに、「教えてくれてありがとう！」とお礼まで言われた。

列車が遅延し、結局この部屋に2時間いた。

直しに来たよ！と、リモコンを掲げてポーズをとるおじさん。

30分遅れで、列車が到着。
部屋を出ると、先程のおじさんが、
私たちに伝えるために
走ってくるところだった。
乗り込む時には、
並んでいた学生が
私たちに、「お先にどうぞ」と
順番を譲ってくれた。
みんな、やさしい……

始発から遅れるってどーゆーこと？
コップンカー
え
あ
そんなー、私たちなんて、並んでなかったのに

車両は、思いのほか新しかった。
快適な列車の旅……

……かと思ったら、
まさかの
激しい縦揺れ。

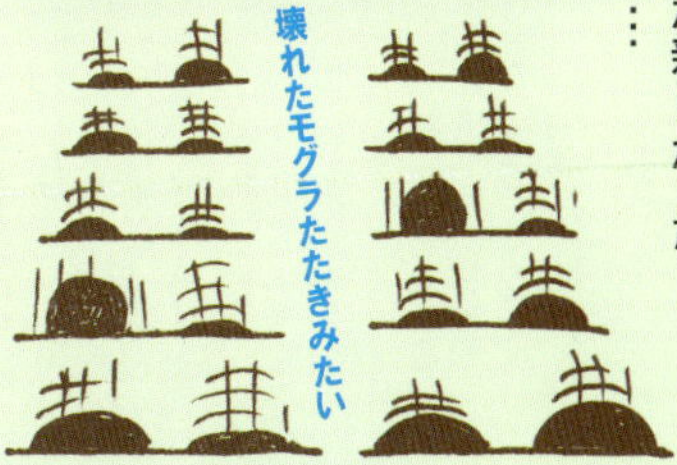

壊れたモグラたたきみたい
背もたれから、
乗客の頭が
ピョンコ ピョンコ
現れる。

「車窓」も満喫。
濃い青空と、
南国を感じる
もこもこ雲。

ヤシの木、
森、畑、
田んぼ…
いろんな
緑色を
くり返す。
手前には、
睡蓮の花が浮かぶ水路が、
列車に並んで
流れている。

なんであの稲穂は風で揺れないんだろ？
植え方が密とか？？

…閑散…
？

予定より40分遅れの夕方5時半近く、スリン到着。
祭りの賑わいを期待して
駅前広場に出ると……

……あれ？

垂れ幕も、ポスターもない。
賑やかさも
華やかさもなく、
いや、そもそも
「人」さえも、
今降りた乗客と、
トゥクトゥクの運転手が
数人いる程度……
なにこれ……

そして、駅で、祭りの情報や町の地図を
もらおうと思っていたのに、
案内所どころか、チラシの1枚もない。

だいたい象の町の駅前に、なにこの変な象の像……
あ、その後ろにちょっとマシな象の像があるけど

本当に、
この町で、
明日、
象祭り、
やるの？

ここでいいんだよね？

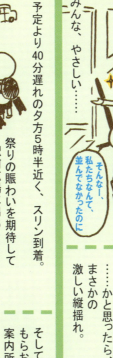

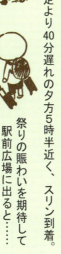

象祭り、前夜

駅前だけでなく、
宿にも、
祭りの情報は なかった。
フロントは、
留守番らしき人で、
タイ語しか通じない。
前夜祭について
どこかで聞きたかったが、
もう6時過ぎ……
町に出るのは あきらめ、
この近くで
夕食をとることにした。

宿のまわりは真っ暗で、野犬がウロウロしていた。これでは、店を探し歩くことはできない。
奇跡的に見つけたこのレストランに、逃げ込むように入った。

ほぼ屋外の、開放的なスタイル。
怪しげな灯りの下で。

言葉が全く通じない観光客に、
根気よく説明してくれた女の子。

ジンギスカン鍋のようだが、
フチにダシ汁を入れ、そこで野菜を
しゃぶしゃぶするらしい。
肉は、盛り上がった部分で焼く。

この葉っぱ なんだろ? みたことない
テーブルの上、カメムシ多いな。あっ、鍋に ダイブした… …もういっか…

ショック…

食事から戻ると、フロントは、カタコトの英語ができる女の子に代わっていた。しかし、明日の象祭りについて聞いても、場所も時間もよくわからないという。パレードもあるって聞いてたんだけどなあ、と思い、「パレード」という単語を口にすると…

パレードなら 今日のお昼に みてきたわ ステキだったよー
ほらっ♡

と、うれしそうに動画をみせる。

なに〜? パレード、やってたんだ… それも昼間… 前夜祭じゃないんだね…
どっちにしても 間に合わなかったのか…
でも ちゃんと 調べてくれれば ウボンを午前中に 出るとか できたのにね……

つくづく、事前の調べ不足が悔やまれる。

………しかし、
パレードをみたのなら、さっきからの、
象祭りのこと全然知らないような素振り、
どうなのよ……

……気を取り直して、
「明日の朝、タクシーを手配してほしい」と
お願いする。すると、ちょっと躊躇したあと…

いいわ、やって あげましょう。電話番号は?
…え、し、知らないよ、タクシー会社の 番号なんて…

「車の手配」って、
ホテルの基本的な業務では？？
しかもこんな郊外のホテルなら、とくに……

もうこうなったら、自力で行くしかない。
場所も時間も わからない象祭りに……

寝ますか……

行けるのか？象祭り

その後 調べて、
だいたいの場所は わかった。
でも、はじまる時間もわからず、
そこに向かう乗り物もなく、
不安でいっぱい。
なので、超早起きして、（4時半起き！）
6時半に宿を出た。
大通りを歩くが、
バスもソンテウも タクシーも、
トゥクトゥクさえも通らない。
後ろを振り返りながら、
ゆっくり歩く。

トラックばっかで、全然「乗り物」が来る気配がないよ…
これ、ずっと歩くの？ 迷わず行けたとしても 1時間は かかる…… だんだん暑くなってきたし ヤバイ〜

それに、もしたどり着けたとしても、私たちはチケットを持っていない。
当日に行って、入れるのかどうかも わからない……

……不安なまま歩くこと15分、
ふと、1台の車が止まった。

どこに行くの？
ぞ、象祭りです…

なんと、乗せてくれるという。
彼女は出勤途中だったのだが、私たちを、
象祭りのチケット売り場まで送ってくれた。
車で10分足らずの距離だったが、
彼女でさえ場所がわからず、何度か人に
道を聞いていたのだから、私たちの力では
到底たどり着けなかったんじゃないかと思う。

コップンカー!!

みえなくなるまで見送った。

彼女に出会わなかったら、と思うと、
感謝してもしきれない。

宿、日程、そして後悔

スリンはお祭り時期だったので、ホテル代が高騰し、早くから埋まりはじめていた。そのため、この旅で唯一、ちょっと中心から離れた宿を予約した。といっても、駅から5キロちょっと、車で10分くらいだから、たいして不便もないと思っていた。

しかし、駅前に公共の乗り物は見当たらず、交通手段は、トゥクトゥク一択。強気価格で、町から宿まで、値切っても100〜150バーツ。これでは、こまめに行き来するのはキビシイ。

さらに宿から町へ出る時には、つかまえることすらできない。

そんなわけで、到着日の夜は、町に出るのをあきらめてしまった。

そして失敗したと思うのは、日程。「祭りは土日で、前夜祭がある」という情報があったので、金曜の午後4時頃に着いて3泊なら充分だと思っていたが、実際には、列車は遅れ、前日のパレードも、昼間に終わっていた……

……まあ、こんなことの連続が、旅なのですが。

象祭り！

無事、当日チケットを買うことができた。
ショーが はじまるまで
2時間以上もあるので
どうしようかと思っていると、
ちょっと奥に、象さんの姿がみえた。
近づいてみると、ゲートの向こうで
象使いのおじさんが手招きしている。

ショーをみにきた子どもたち、
すごいのに乗せられてやってきたよ。

本番前の象さん

招かれたのは、ショーがはじまる前の、バックヤード。
沢山の象が、体を洗ってもらったり、エサを食べたり、リラックスして過ごしている。

開演までの時間が長すぎて、持て余すと思ったら…
これって、ショーより貴重じゃない？
こんなに近くでみられるなんて♡

親子で水浴びする象さん。

こちらの象さんは…

鼻を使って自分でシャワーしてる

赤ちゃん象に、サトウキビをあげました。

かわええ
みて。ほおずりしたら泥だらけ

客を招き入れて、写真を撮らせたり エサやりをさせたり、自由な雰囲気。象使いは小遣い稼ぎになるし、客はうれしいし、象さんも甘くておいしいものを食べさせてもらえるし。

仔象と少年

小さな象使いたち。
象と ともに
成長していくのかな。

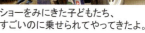

ショーが はじまる

2時間半くらいのショー。曲芸的な演目は少なく、象たちのストレスにならないよう配慮されてる気がした。

こんなに一度に沢山の象、みたことない！
ゆっくり優雅に歩くから、まるでスローモーションの映像のよう

ストーリーに合わせた衣装をまとい、右から左、左から右、と歩くだけだが、100頭以上いると、それだけでスゴイ迫力。

象の親子。

ちっちゃ！

「手」じゃなく、「鼻」と「しっぽ」をつないで。

戦いの歴史、象の役割。日本語の解説もあって、ありがたかった。

この1年に生まれた象のお披露目タイム。

赤ちゃん象さん、落ち着きがないのがかわいい～

神がかった白い象。牙もスゴイ。

作戦失敗

町なかからトゥクトゥクを拾って、宿へ帰った。

宿に着いた時にふとひらめいて運転手さんに、

「明日の朝、迎えに来てもらえませんか？町まで出たいので」とお願いしてみた。

が、……ソッコーで断られた。

ホテルを指さし、「フロントに頼め」と、ジェスチャーする。

「それがムリだから頼んでるんですよ～」と言いたいが、

そんな事情は、伝わるわけもなく……

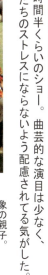

スリン走馬灯

ショーを見終わったのは、土曜の昼前。そのあと1日半、この町で何して過ごしたか、の お話。

出店いろいろ

朝早く、昼間、夜……つねにどこかで、小さな店が出て、人が集まっている。

35度（体感50度）の厳しい暑さ。ヒサシの陰を渡り歩く。

縁日のような

象祭りの会場の近くに、大きな屋台街があった。入場料も取り、移動遊園地もある大規模なもの。象祭りの時だけのイベントなのかな。

食べ物屋台、食堂、衣料品、野菜、見世物小屋、遊園地的な乗り物……なんでもあり。

暑さと人出で、みんな汗びっしょり。

←濡れてないのはブラの部分だけ、という女の人が沢山。

紙粘土の置物にお絵描きする出店など、子どもがたのしめる店が多かった。

もっかい乗るー

子どもたち、大コーフン。

食品市場

町の中心にある生鮮市場。夕方に行ったので、屋内の市場は終わりかけ。

屋外の市場は、まだまだ活気があった。

屋内の市場。ふと見上げると、天井に、お化け屋敷並みの、クモの巣とホコリ。

品物を置く台は、木が腐ってる。

ふだんは、品物に気を取られて気がつかなかった……

どれくらいほっとくとこうなるんだろ

ナイトマーケット

さっき知り合った日本人とお食事。

この町の夜市は、1本道スタイル。

ああ、パレードね。
ちょうど駅前の宿から出たとこで、偶然遭遇してね、一緒に練り歩いちゃったよ

パレードがあるなんて全然知らなかったんだけど
くぅ〜
なんて運のよい…
うらやましい…

この方、現地の方とのコミュニケーション用に、手品セットと、折り畳み式のトランペット！ を持ち歩いているという。

象の像ホテル

町歩き中、開業準備中の、「象だらけホテル」を発見。
リアルな象の像があちこちに。

このホテル、ほぼ出来上がってるかんじだが……今回の象祭りには間に合わなかった、って とこかな……

門をくぐると、壁に、半立体の親子象。

ちなみにこちらは、リアル象さん。シャワーを浴びたあとの象さんは、ツヤツヤで、象の像にそっくり。

こういう像って安っぽくなりがちだけど、かなり完成度が高い。さすが象の町？

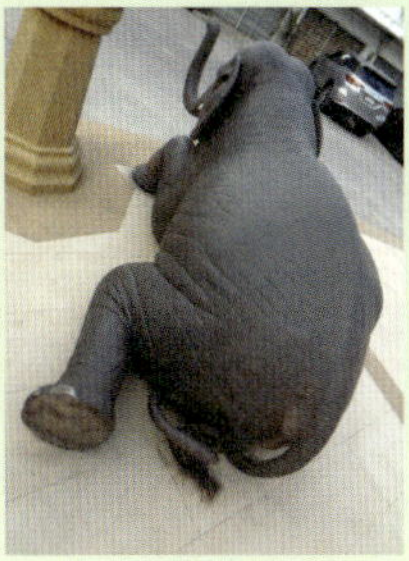

ポーズが凝っている。

町でみる象さん

駅前の大通り。ふとみると、象さんが歩いてる！車やバイクと一緒に、のっし、のっし、と。

ちょっとした「象さん渋滞」が起こる。

象さんに乗れるイベント。駅前から大通りを、150メートルほど行って戻る。
戻った時に、お客から、サトウキビの「お礼」をもらう。

こうして建物や車と並ぶと、象の大きさがよくわかるね

不自然なというか…なかなかみられない光景だよね

なんとあの白い象さんまで、駆り出されていた！

ひときわ大きいね！

牙、大丈夫なのかな…

ジャマじゃないのかな

え、そこ？

象使いとしては、お祭りのあと、もうひと稼ぎして帰ろうって かんじなのかな

象さんはどんなキモチなのかなぁ〜、疲れてないといいけど…

ホテルライフ

スリンの宿でのあれこれ。

VIPルーム

じつは泊まる1週間前に、予約サイトから「ホテル側の都合で、3泊のうち、真ん中の1泊だけVIPルームになります」というメールが来た。

一見グレードアップみたいに言うけど、部屋を2度も移動するなんて面倒…

ダメ元で「早くから予約していたのにほかを優先するなんてひどい……」って返してみたら、3泊ともVIPルームになりました……。

毎日荷物を片付けて移動ってことだよね…

狙ってないですよ…

VIP ルーム？ すごいのを想像したけど、ただの広い普通の部屋でした。

ふだん使っていないのか、シャワーの水が濁ってた

隣の家のイヌ

私たちが前を通るたびに、飛びかからんばかりに吠える、2匹の番犬。柵があるからいいものの……

一体、私たちが何をしたっていうの？

ウアウ
ウアウ
ウアウ
うあっ

戻ってきて、ヤモリさん

最初にバスルームに入った時、1匹の、ぷくぷく太ったヤモリがいた。

でも、私たちに驚いたのか、小さな穴から、外に逃げていってしまった。

すると次の朝、バスルームに大量の羽虫が…

灯りを点けたままにしてしまったのと、ヤモリがいなくなったことで、虫の天下になってしまったようだ。

うわー
ヤモリの逃げたまさにこの穴から入ったんだね
網戸の穴

テレビと部屋食

前述のように、一旦宿に戻るとどこにも行けないので、この部屋で過ごす時間は長かった。のんびりテレビをみながら、買ってきたものを食べたり。こんな夜も、たのしくて。

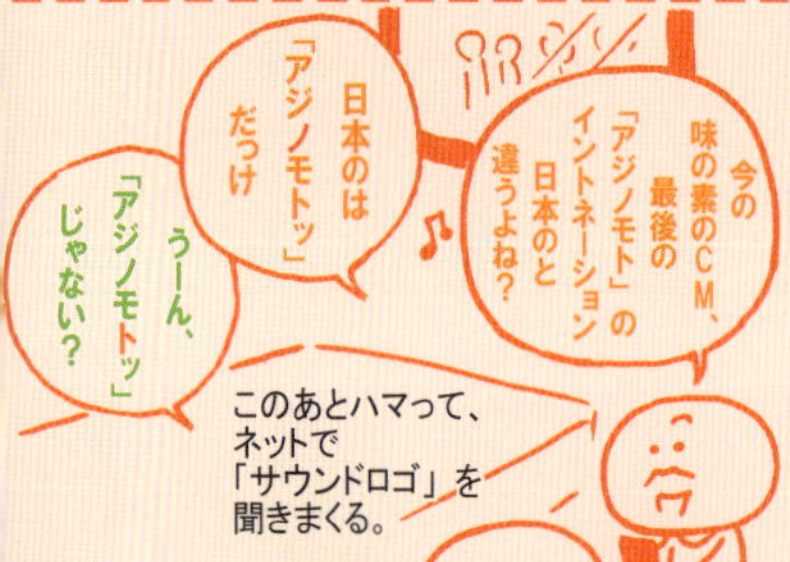
今の味の素のCM、最後の「アジノモト」のイントネーション日本のと違うよね？
日本のは「アジノモトッ」だっけ
うーん、「アジノモトッ」じゃない？
このあとハマって、ネットで「サウンドロゴ」を聞きまくる。

屋台で買ってきたイカ焼き。

お散歩のひとコマ

かき氷の食べ方

とても暑い日。カフェに入ったら、珍しくかき氷があったので、喜んで注文。

……しかし、30分たっても出てこない。

やっと来た時には、冷房で、すっかり身体が冷え切っていた。

涼みたかったはずなのに交互に店外に出て、身体を温めてから食べる…という、本末転倒ぶり。

外に出て、「かき氷を食べたい身体」にして戻る、をくり返す。

これがまた、デカイ。

踏切のおじさん

踏切番の駐在する建物があった。珍しいので覗いてみると、時刻表が貼ってあって、『あれ？ この時刻って、まさに今じゃない？』と思ったら、そのおじさん、突然立ち上がり、大慌てで遮断機を下ろしてた。

駐在所
これ、きっと今日だけじゃないよね…
怖すぎる…

象さん見送り食堂

ちょっと入るのをためらってしまうような、ワイルドな食堂。
串焼きの香りに誘われて、勇気を出して入ってみた。

曲がり角のバラックから、煙が出てるよ。
いいにおい……

あ、串を焼いてる。お、お店なんだ……ボロボロだね。
でもなんか、お肉、おいしそうだよね……
よし、入ってみよう！

ムー（豚）？
そうそう

案外、居心地いいね……

足元には、ネコさん。

おこぼれを待ってる。

おまたせ

象さんを載せたトラックが、
目の前を通り過ぎていった。
ちょうど、この店は、
車がカーブする位置にある。
象さんに、大きく手を振った。
何台も何台も、
何頭も何頭も、通り過ぎていく。
祭りは終わった。
象さんのお尻に、
「お疲れさまでした」

地元に帰るんだね…
ありがとー

最後のお願い

最後の夜、今日は、なんとしても「アレ」をやってもらう、という覚悟で、宿のフロントへ。

「明日の朝、タクシーを呼んでください！」

案の定、彼女は「できない」と言いたげだったが、明日は、列車の予約をしてあるので、こっちも、引くわけにはいかない。

「できる、あなたはできる」

しつこく粘る。
そして……

できたわ！

なんとかタクシーを予約してもらうことに成功。

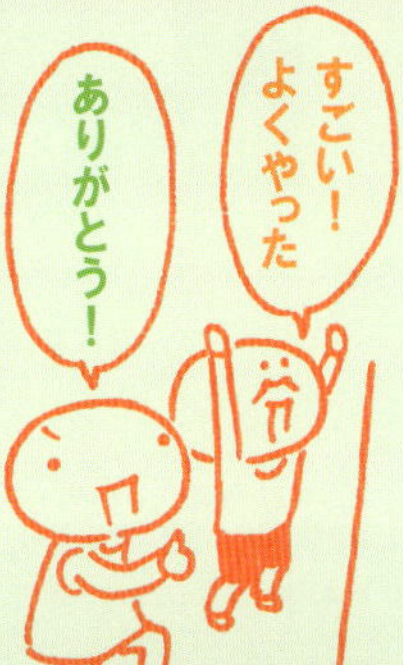
すごい！よくやった
ありがとう！

……って、そんなに褒めることか？

宿

宿の種類やランクのこと

いつも、中の下くらいの ホテルやゲストハウスに泊まっている。（ツアーで使うのより1～2ランク下くらい？）今回の旅だと、1部屋 2千円～4千円 ほど。私たちにとっては充分ですが、いかがでしょうか。大きなホテルにはない 個性や面白さ、時にはハプニングがあるので、たのしいんですけど……

大きな冷蔵庫があることも。

宿にあるもの

「不在の時に電源切れちゃう方式」の冷蔵庫は使えない…部屋に戻ってきてビールが冷えてないなんて！

ペットボトルの水も凍らないし

■たいていあったもの

・「冷蔵庫」…どの宿にもあり、ありがたかった。

・「ミネラルウォーター」…500mlのが 必ずあった。

・「テレビ」…クラビのゲストハウス以外全部。
ただしチャンネルの数は、宿によって差あり

■乏しかったもの

・「消耗品」は最低限。→

小さい石鹸と2in1 シャンプー程度。

シャワーキャップが必ずあるのがナゾ。

・「タオル」はバスタオルのみ。

・「トイレットペーパー」は、巻きの少ないものが1個。2人だと絶対に足りないので、いちいち もらいに行くのが悲しい。

・ティッシュ、ドライヤー、ハンガー、歯ブラシは、ほぼない。

歯ブラシが必ずあるのは日本と台湾くらいかな

・掛け布団側に「シーツ」なし。 これ、地味にツライ…

スリッパ、ペンとメモ、アイロン…などはもちろんないよ

・「お茶セット」は、ないことが多い。かと思えば、インスタントラーメンとお椀まである宿も。

これだけでうれしくなるね（激辛に悶えたけど）

心憎いおもてなし

タイの宿の印象

・部屋は結構広い。 トランクを広げられてうれしい

このタイプを悩まず広げられる。

・観光の情報（町の地図やパンフ）が少なかったり、ホテルサービスが乏しい宿もあり。

・5泊しても、シーツを換えないことも。（言えば換えてくれるかもしれないが）バスタオルも、言わないと換えてくれないのは困った。

・お湯は、ほぼ出て、水圧もまあまあ。→

今回、全宿、この湯沸かし器。

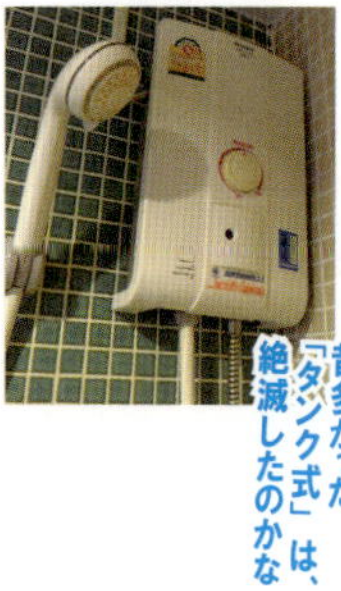

昔多かった「タンク式」は、絶滅したのかな

・気のせいか、ベッドに上がると、足が かゆくなったりします。 原因を深く考えたくない…

・どこもエアコンがあってよかった。が、室温が均等じゃないことも。

え、暑いけど!?

この部屋寒い…

原因は、エアコンの位置と、風向きの偏り。

ツライ 旅人はツライよ・トイレ様

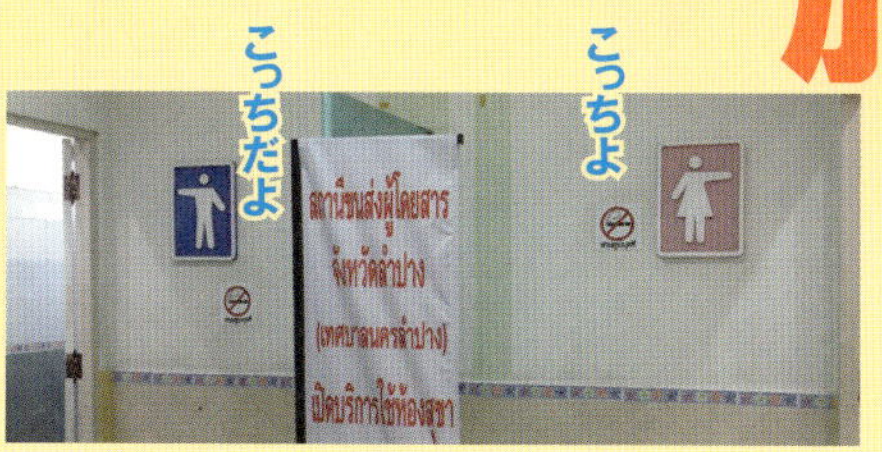
こっちだよ
こっちよ

公衆トイレが少ない印象。
驚くことに、バンコクの地下鉄や高架鉄道には
公衆トイレがなく、鉄道駅でも有料だったり。
高い入場料を取るテーマパーク内でも有料とか。
（そういうところに限って、汚かったり、
ペーパーがなかったりする）
……でも、そういうものだと思えば、
慣れてくるものです。

コンビニにも
ないよ

ある光景

たいていは、トイレに「番人」がいる。（お金徴収係）

テーマパークの
トイレの前で、
番人と、
中国人観光客が、
ケンカに
なっていた。

言葉はわからないが、揉めている理由は、なんとなくわかる…

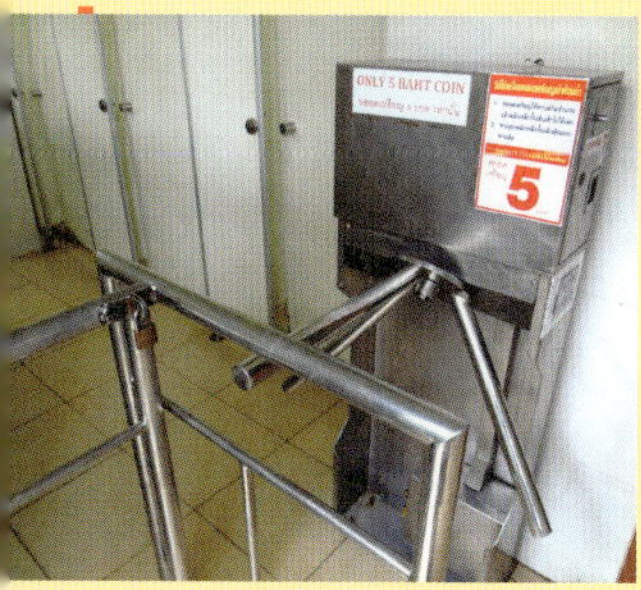
ONLY 5 BAHT COIN
5

有料で無人のトイレ。

昔ながらの、汲み水で流すスタイル。
（クラビのビーチ近くの公衆トイレ）
ここは無料だった。

カフェのトイレ。住めそうな広さ。

そのたびにコーヒーを
注文するので、出費もかなり…

カフェは、「緊急事態」で
よくお世話になりました。

旅とトイレと私

紙なんて、期待しない。
便座は、あってもなくてもいい。
使わないから。
案外困るのは、荷物を置く場所。
かける場所が、たいてい、ない。
相棒に荷物を預けられなかった
私は今、こんな状態。

噴き出す汗。
リュックは
背負ったまま。
熱い鼻息。
中腰に、
震える筋肉。
持参のペーパー。
ウエストバッグを
抱え込みつつ
ズボンをつかむ。
和式タイプは、さらにツライ。

おまけに室温40度。
この状態で、
じつは、下痢だったりもする。
トイレが
ほっとする場所だったのは、
いつのことか。
今はとにかく、
ここから無事生還することだけ
を考え、するべきことをする。
旅と、トイレと、そして私。

食べ比べたいあの料理

食

お店いろいろ

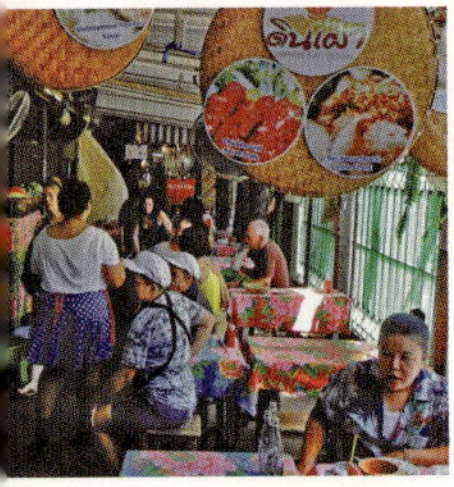

市場の片隅にあった食堂。

市場の片隅にある
場末なかんじの食堂も、
お祭り屋台のような小さな店も……
メニューの豊富さや味が、
大きく構えた店と遜色ないのが
タイのすごいところだと思う。
屋台だからこの程度、
この価格ならこんなもの……
という「上限」は、ない。
なので、思いがけないところで、
最高の味に出会えたりする。
だからつい、あちこちのお店で
食べ比べてみたくなり、
なかなか「もう満足」の域に
到達できそうにもない。

ソムタム

青いパパイヤのサラダ。
干しエビやピーナッツも入れるので、
うまみもたっぷりの、深～い味わい。

叩きつぶすように和える。

王道ソムタム

甘さ、辛さ、エビのうまみ、
パパイヤのシャキシャキ感……
すべての味がまとまってておいしい。

素焼きの容器のソムタム

黄色いパプリカ入りで、
パパイヤを叩きすぎていないので、
野菜サラダ寄りの味。

青マンゴーのソムタム

青くても、しっかりマンゴーの味。
パパイヤに比べて、フルーティーで、
やわらかくて、ちょっとの甘みと酸み。

イサーン（東北）ソムタム

殻ごと叩いた小さなカニが、口に刺さる。
魚っぽい味だけど、うまみは薄い？
ソムタムの爽やかさをあまり感じないので、
うーん……あんまりお好みではないかも。

ほかの店でも
試してみないと
わからないね

ソムタムを作ってみよう

自分で作れるレストランが
あったので、挑戦してみた。

パパイヤの千切り、ニンジン、
トマト、インゲンなどの野菜。
ニンニク、唐辛子、干しエビ、
ピーナッツ
も入れて、
叩く。

ナンプラーと
絞ったライム
と砂糖で、
味付け。

青パパイヤが
簡単に
手に入れば
日本でも
毎日
作りたい。

＊店（54頁）の照明により、写真の色が不気味ですみません。

地元の人しかいない市場の中の食堂。

町のどこかに、必ず屋台街。

デパートの中のフードコート。

イスが屋台風。

グリーン、イエローの タイカレー

時々辛さより甘さが突出してることも。

写真のは、小さな緑のナスが口の中ではじけて苦みが広がった。

甘～い焼きそば パッタイ

ねっちょりした米の麺に、ライムの酸みとシャキシャキの生もやしが絶妙。

あれば必ず 空芯菜炒め

台湾やバリ島でもおなじみの料理だけど、タイのは、タオチオ*という調味料を使っていて、深い味わい。おいしくて、メニューにあれば必ず注文。

←揚げた豚の脂入り。なのに、思ったよりもコクがなかった。

「肉」ではないから？

*ソイビーンペースト。「タイ風味噌」と言われる。

みんな大好き カオマンガイ

タイ料理には珍しく「突出した味」がなく、うまみを第一に感じる料理。鶏のダシが、ごはんにしみ込んでる。蒸した鶏肉が、ホロホロでおいしい。

ちょっとハマったココナッツスープ トムカーガイ

酸みとコクがあって、やみつきになるスープ。具沢山かと思いきや、そのほとんどは「食べない具」（ダシ用）だった。

生姜系のぴりぴりくるもの（ガランガル）、レモングラス、ミカンの葉、揚げた唐辛子…

やたら辛い ガパオ

でもクセになる

バジルと豚ひき肉炒めのっけごはん。しょっぱ辛くて、食べながら額の汗が目に入る。

一番有名なタイ料理？ トムヤムクン

エビやイカが入ってるからか、トムカーガイより食べられる具が多い。耳の奥がジリジリする辛さ。

タイ風チャーハン カオパッ

比較的、胃にやさしい味。写真のトマト入りのものは、トマトの水分で、べちょっとしてる。

ツライ

旅人はツライよ・辛いの甘いの

タイ料理は、日本料理の次に すき。
世界には、煮ただけ焼いただけ…という料理が多い中、
独自性があって、屋台でも、ちゃんと調理してくれるから。
エビのプリプリ率が高いのも スバラシイ……
ただ、時々、強制的に「○○すぎる」のは なぜだろう？

辛すぎぃ～

ある食堂で

路地の食堂（18 頁）で食べた、ツナの炒め物。
最初から、ものっすごく辛い。

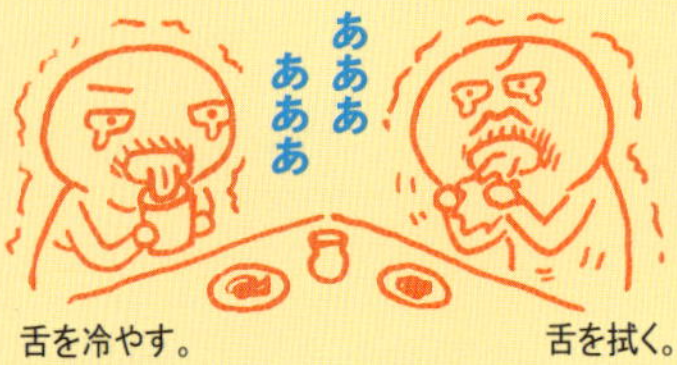

舌を冷やす。　舌を拭く。

なのに、そのテーブルに置いてあった
唯一の調味料は、
青唐辛子の入った激辛ナンプラー。

これを置くなら、料理をこんなに
辛くしなくてもよいのでは？ と思うのだが。

辛さの調節は、自分でやらせてくれても よくない？
ほかの味は、バランスもあるだろうけど、
辛さの程度は 自分で選びたくない？

ギモンの根拠

たいていのレストランのテーブルには、
これらの調味料が置いてある。
タイ人は、これで好みの味に調整してる。

辛　甘　旨　酸

……ね？ こんなふうに、
自分で味を調整する文化なのに、
なぜ「辛さ」だけ、最初から
強制的なのか、が 解せないの

そういえば、
ソムタムだけは、
「青唐辛子を入れていいか」
って聞いてくれるなあ。
なんでだろう？

甘すぎぃ～

ドリンクが甘い。

ジュース系は もちろん、コーヒーも。
ここまでにする意味は なんだろう？
砂糖だって、タダじゃないでしょうに……

コンビニの抹茶ドリンク。
甘すぎて、
抹茶味が
よくわからない。

カフェのアイスコーヒー。
自動的に砂糖＆ミルク。
オーダーの時に
「甘くしないで」と、
いつも言い忘れ……

料理にも、
相当、砂糖が入ってる。
パッタイ（タイ風焼きそば）
は、とくに甘い。
ライムをかけて、
シャキシャキの
モヤシと食べると、
おいしいけど。

うまみが～

うまみ調味料が
効きすぎな
気がする。
とくに、
スープ系。

スーパーの棚。

食

風抜けるあの席で

いつも、
何を食べるか…より、
どんな場所で食べるか…を
大事にしていた気がする。
賑やかで たのしそう…
テーブルが かわいいな…
灯りが きれい……
風が 抜けてるね……
そう思った次の瞬間には
もう、どの席にするか
迷ってる。

おなかが いっぱいでも、つい座りたく なっちゃうよ…

タイでは、屋台は もちろん、
レストランやフードコートでも、
「外」で食事できる店が
多くてうれしい。
夕暮れに、
心地よい風に吹かれながら、
瓶ビールを、くいっ！

海辺の、砂の上のカフェ。上半身は海風、足先は、砂の感触をたのしむ。

大きな樹の下に、屋台の灯りがともる。

ブルータイムは、ちょっと贅沢に、川沿いのレストランで。
（といっても、2人で 2000 円ちょっと）

チャンビールの小瓶。

いくらでも お飲み

バザールの中のフードコート。
屋根はあるが「半外」で、夜風がキモチイイ。

どこでもレストラン

あらゆる「空間」は すきあらば食堂になる。

歩道も車道も…

怒られなければ、
どんどん広がる？ レストラン。

テーブル置いたら、もうお店。

←シャッターが閉まった店先も。
↓

古都!アユタヤへ

スリン→アユタヤは、快速列車で約7時間。

タイには何度か来ているのに、なぜかアユタヤを訪れたことがなかった。なんでだろ? はじめてのアユタヤ。3泊4日とゆったりめだけど、さて、どれだけみられるかな?

たぶん、アジア独特の苔むした湿った遺跡が怖かったのかなー
私はたぶん、炎天下を歩きまわるイメージが……

アユタヤまで、快速列車の2等車で、約7時間。日本↔バンコク間の飛行機よりも長旅だ。ウボン駅で味をしめた私たちは、駅の窓口で、ずうずうしくも、こんなお願いをする。

あのー、あそこのVIPルーム使ってもよいですか?

ここは、長いこと使っていないらしく……

ちょっとカビ臭い……
虫のフンがいっぱい……

……だったが、暑い日だったので、エアコンが効いていてありがたかった。

今回のお部屋は、イスの配置が独特です。

偉い人に謁見? 面接会場?

当駅を選んだ動機は?
えーと、アユタヤに行きたいからです

列車は15分遅れで出発。前回と同じ2等車だけど、こうも違うかなという古い車両。木製の壁が、旅情を誘う。

エアコンはなく、窓全開で走る。

いいねー こっちのほうが旅気分上がるねー

ただ……
座席の背もたれが壊れていて、倒してもバネで戻ってくる。
なので、全力でリクライニング。
リラックスするにはチカラが必要、……というムジュン。

お昼近くになると、物売りさんが通路を行き来しはじめた。

日本では見かけない食べ物にわくわく。

彼女たちは、途中の駅で乗ってくる。駅の近くに住む人が、自宅で得意なものを作ってきては勝手に売っている、というかんじ?

つい呼び止めて、カゴの中を覗いて、そして……買っちゃう。

・地鶏棒（ガイヤーン）
・練り揚げ物（ルークチン）
・フライドエッグのっけ弁当
・鶏の手羽のっけ弁当
・豚串（ムーピン）
・カットパパイヤ
・タマリンドの漬物←

ここでやめておこう…と思うと、心を読まれたかのように、大好物や食べてみたいものがやってくるのが、この方式のツライところ。

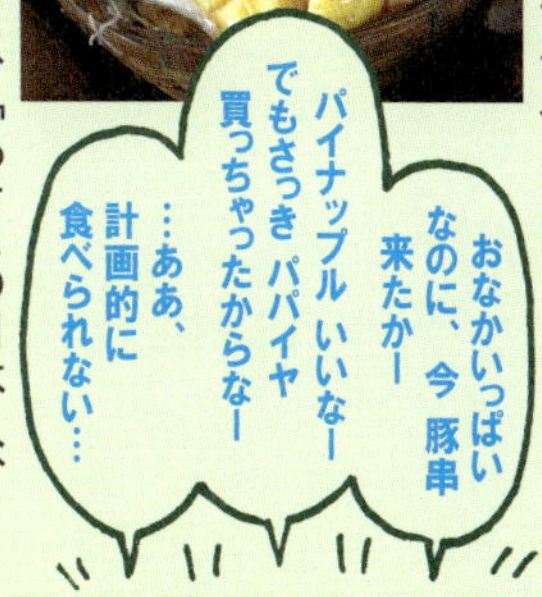

もしかしたら、「あそこの日本人、なんでも食べるわよ」と、情報をまわされていたかもしれない……

こんなに食べたのに、食べ損ねたものを未だにおぼえてる。

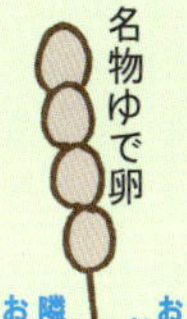

笑いながらゴミ袋を差し入れされた。

お得意さまの特典?

呼び止めて、選んで、お金払って、写真撮って、半分に切って、手ー拭いて、食べて食べて、メモして……

そんなわけで、長いと思っていたこの列車の旅、飽きることもなく、寝ることもなく、あっというま〜

＊こんな時こそ、スマホを使っていればよかった。（82 頁）

ちょっとだけ遺跡巡り

この番号は、74頁下の地図に対応してます。

そんなバタバタの10分後には宿に着き、その20分後には、もう宿を出ていた。時刻は夕方5時過ぎ。今からなら、**遺跡のライトアップ**に間に合うと思い、気合い入れて。

頑張ろう

トゥクトゥクをチャーター

渡し船で遺跡エリアに入るとすぐ、トゥクトゥクが待ち構えていた。1時間300バーツというところを、半額に交渉。

高い気もするが、まだ相場がわからないので こんなとこ？

運転手が、こんなコースはどうだ、と、地図をなぞる。……へぇ、1時間でこんなに まわれるんだ。おまかせすることにする。

① 有名な仏の顔

最も有名といえる、木の根に のみ込まれた仏さまのお顔。もっと森の中に あるのかと思ったら、大通りのすぐ横だった。そして、思ったよりも小さかった。

ここであることに気づく。時間でチャーターしてたら、見学してるあいだもお金を払ってるってことだよね。それに ゆっくりみてたら全然まわれないよね……と。

入場料も2人で100バーツ…駆け足でみるにはもったいない金額…

そう思いつつも先もあるので、20分足らずで見学終了。

② 美しいライトアップ

次に連れてきてくれたのは、お堀の外の、お寺。私たち以外、誰もいない。光に浮かび上がる塔を、2人占め。

クメール様式の トウモロコシのような丸い塔。

もっとゆっくりみたかったが、こちらも15分で退却。

③ 真っ暗な涅槃《ねはん》仏

なぜここに来たのか…ライトアップしていないスポット。仏さまは、まさに就寝中？

仏さまの足の裏。

この写真は、感度を上げて撮影したもの。実際には、黒い塊にしかみえません。

みえないし、5分で終了。

④ 怪しいお布施

次のスポットも真っ暗で、なんていう名所に来ているのかさえ、わからない……

運転手に聞くと「○○ペッ」と言うが、聞きとれない。するとそこに、管理者？の男性が現れ、こっちだと案内される。そして「こうやってお布施をするんだよ」と銅像の前に、自ら100バーツ札を置いた。同じようにやってごらんと言われ、とまどいつつも100はムリと、20バーツ札を2枚置いた……

え、これがわざわざ来たスポット？なんか違わない？

あとで調べると、運転手は、この銅像ではなく、その隣にある、有名なお寺（⑥）に私たちを連れてきたらしい。しかしそのお寺、地図にはライトアップマークがついているのに、真っ暗だった。そしてあのお布施は、そこでとまどう観光客を相手にした、「詐欺まがいの行為」なのだと思う。そもそもアイツ、そこの管理者だったかも怪しい……

トゥクトゥクの代金

……結局、まわるのに2時間かかり、倍の300バーツを支払った。「1時間で150バーツ」というのは、〈1時間でまわってくれる〉という契約なのではなく、〈1時間当たりいくら〉ということなのだった。だまされたわけではないけど、このシステムでは、ゆっくり見学することはできない。明日からは、〈流しのトゥクトゥクを都度拾う〉作戦でいこう、と決めた。

今日まわったとこって結局明るい時にもう1回行くようじゃない？

①ワット・マハータート ②ワット・チャイワッタナーラーム ③ワット・ローカヤースッター ④ウートーン王像 （⑥ワット・プラ・シー・サンペット）

丸1日遺跡巡り

さあ今日は、本格的に遺跡巡り。どれだけ まわれるかな。

暑いけど曇りで助かった

遺跡エリアへ行くには、まず渡し船に乗る。

⑤ **食材市場**

渡ったところに庶民の台所。つい寄り道。

食用ガエル。まだ生きてる。

市場を出たところで流しのトゥクトゥク、ゲット。

ひとつずつゆっくり見学したいって言ったらわかってくれた♡

市場の前だからか、観光ズレしてない運転手さんに出会えた。

はじめて、明るい時間にこの辺りをみた。遺跡と、緑の芝の色合いが きれい。

昨日は真っ暗でわからなかったよ！

⑥ **結局もう1回**

昨日、真っ暗だった遺跡。たっぷり1時間過ごす。

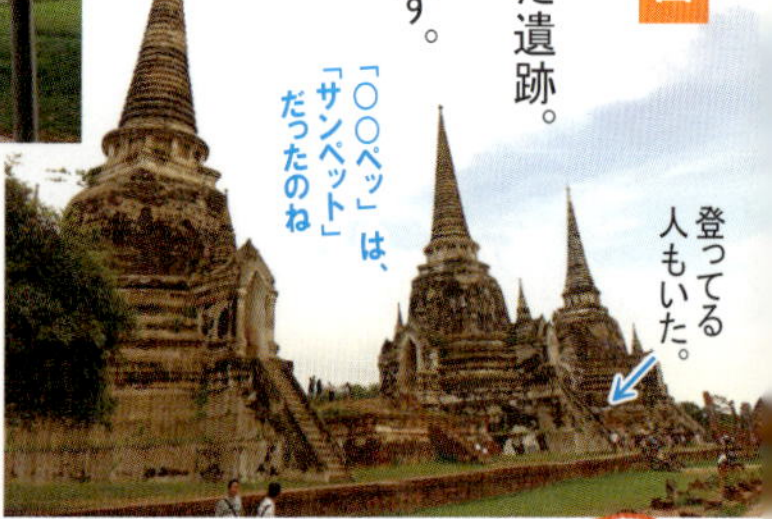

「〇〇ペッ」は、「サンペット」だったのね

登ってる人もいた。

兵どもが夢の跡…

この修復、ちゃんと昔の工法でやってるのかな
コンクリみたいにもみえるけど…

⑦ **象さん通る**

歩いてたら象さんライドに遭遇。

スリンの象さんより大きいね

⑧ **ひと休みに最適**

台所の再現など、リアルで興味深い。

アユタヤ時代の民家を再現した建物。高床式なので、風が抜ける。ここで30分ほど休ませてもらう。

ふぅ～
ここ「宴会の間」だって

……その床下に、もっとキモチよさそうな人たちがいた。

施設のお掃除スタッフかな。右奥には、ハンモックも。

⑨ 観光案内所

地図に「アユタヤ観光センター」とあったので、寄ってみる。

とても立派な建物で、パンフレットや地図も豊富、若い女性スタッフが10名以上、日本語が話せる人も。

……しかし。

なんで、こんな場所にあるのかな。地図上では真ん中かもしれないが、とても旅の最初に寄れるような場所じゃない。そして、せっかくこんなにパンフを作っているなら、ホテルや駅にも置いてくださいな。こんなに沢山のスタッフが1日中ここでじっとしてるなら、あちこちに配置したらどうかしら。

世界有数の観光地とは思えないこの緩さ。……ああ、でもきっと、これが、タイらしさなのかもしれないな……

……ちょろっと寄るつもりが、建物が見つからず、迷う。観光案内所が一番行きにくい…

⑤チャオプロム市場 ⑥ワット・プラ・シー・サンペット ⑧クンペーン・レジデンス ⑩ワット・プラ・ラーム

⑩ 遺跡とナルシストおじさん

クメール様式が美しいお寺へ。

こちらの遺跡は、ほんとに古いままのようで、情緒がある。

この芝生の「緑色」が効いてると思う。カビによる不気味さを緩和してる。

彼女（奥さん？）に、何枚も自分の写真を撮らせている、自分大好きおじさん。

70年代風のシャツとタイトなジーンズで、スタイルのよさを強調。

遺跡ごとに、決めポーズでご満悦。

塔の中にいる仏像やガルーダを探すのがたのしい。

1日に2〜3回のアイス休憩。

⑪ 池を散歩する

遺跡エリアの中央部には池がある。「池のほとりを散歩すると、時々遺跡が現れる」そんな調和が、この町の魅力。

散歩していたら、大きなトカゲと遭遇！小型のワニくらいあった。

しつこくあとをつけたら、「来んなよ」って目でみられた……

自転車ぐるぐる

昨日、真っ暗で みえなかった涅槃仏さま。
やっぱり心残りなので、もう一度会いに行くことに。
そうだ、ちょっと遠いから、自転車を借りよう。

年季の入ったママチャリ。

細い水路のあちこちに、
小さな橋が
かかっている。

自転車で風を切って
この公園を
ぐるぐる
まわってるだけで
充分たのしい。

きもちい～
じゃ そろそろ 涅槃仏を 目指そう～

③ また会えた

今日は
お顔も
よくみえます。

③ワット・ローカヤースッター

今日は お昼寝に みえる
雨の痕で よだれ みたいに なってる…

大まかアユタヤマップ

「行ったとこ」と
「川や水路」です。

大胆に「道」は省略しました。
位置関係と距離感だけマップ。

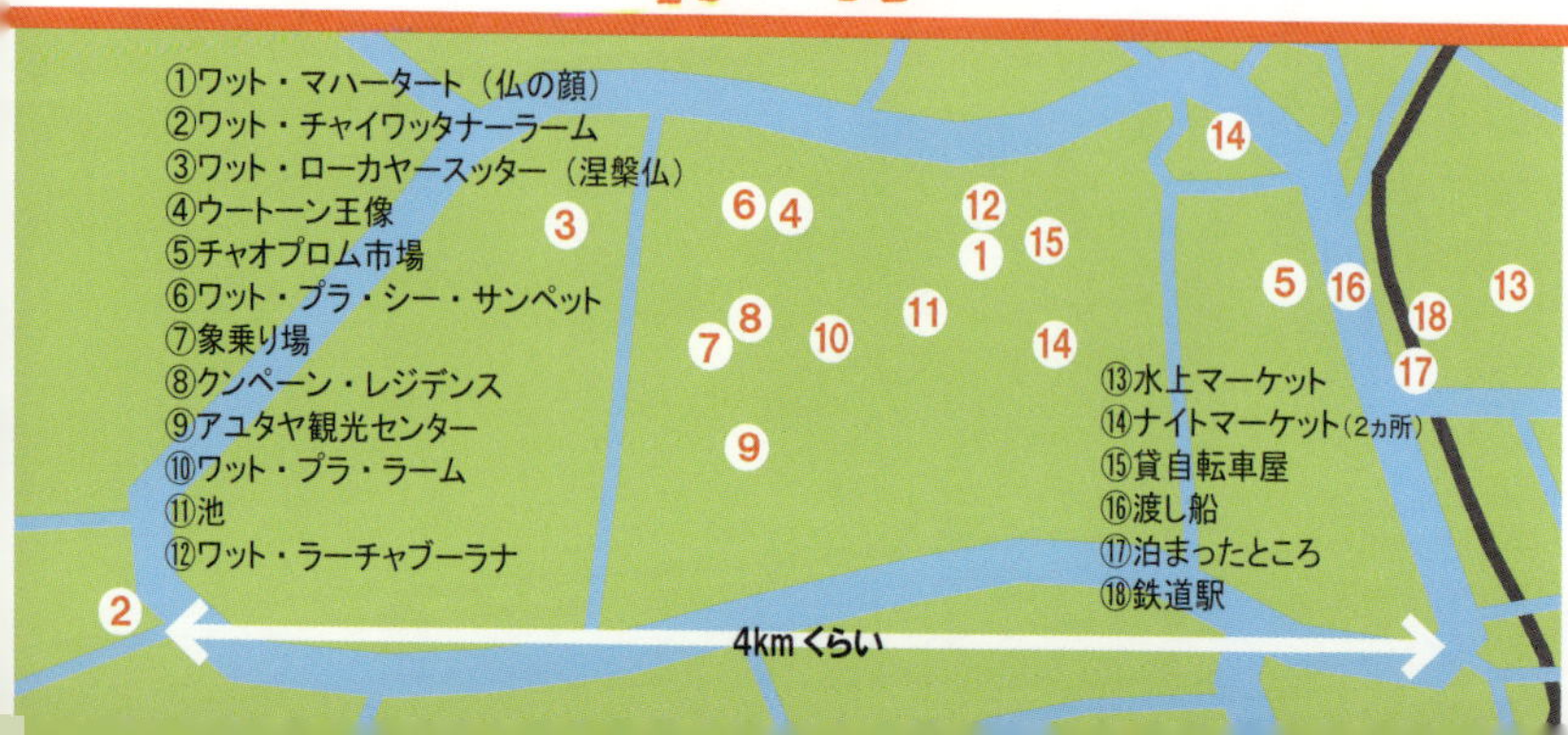
①ワット・マハータート（仏の顔）
②ワット・チャイワッタナーラーム
③ワット・ローカヤースッター（涅槃仏）
④ウートーン王像
⑤チャオプロム市場
⑥ワット・プラ・シー・サンペット
⑦象乗り場
⑧クンペーン・レジデンス
⑨アユタヤ観光センター
⑩ワット・プラ・ラーム
⑪池
⑫ワット・ラーチャブーラナ
⑬水上マーケット
⑭ナイトマーケット（2カ所）
⑮貸自転車屋
⑯渡し船
⑰泊まったところ
⑱鉄道駅
4kmくらい

イヌと私たち

涅槃仏からの帰り、来たのとは 違う道から戻る。

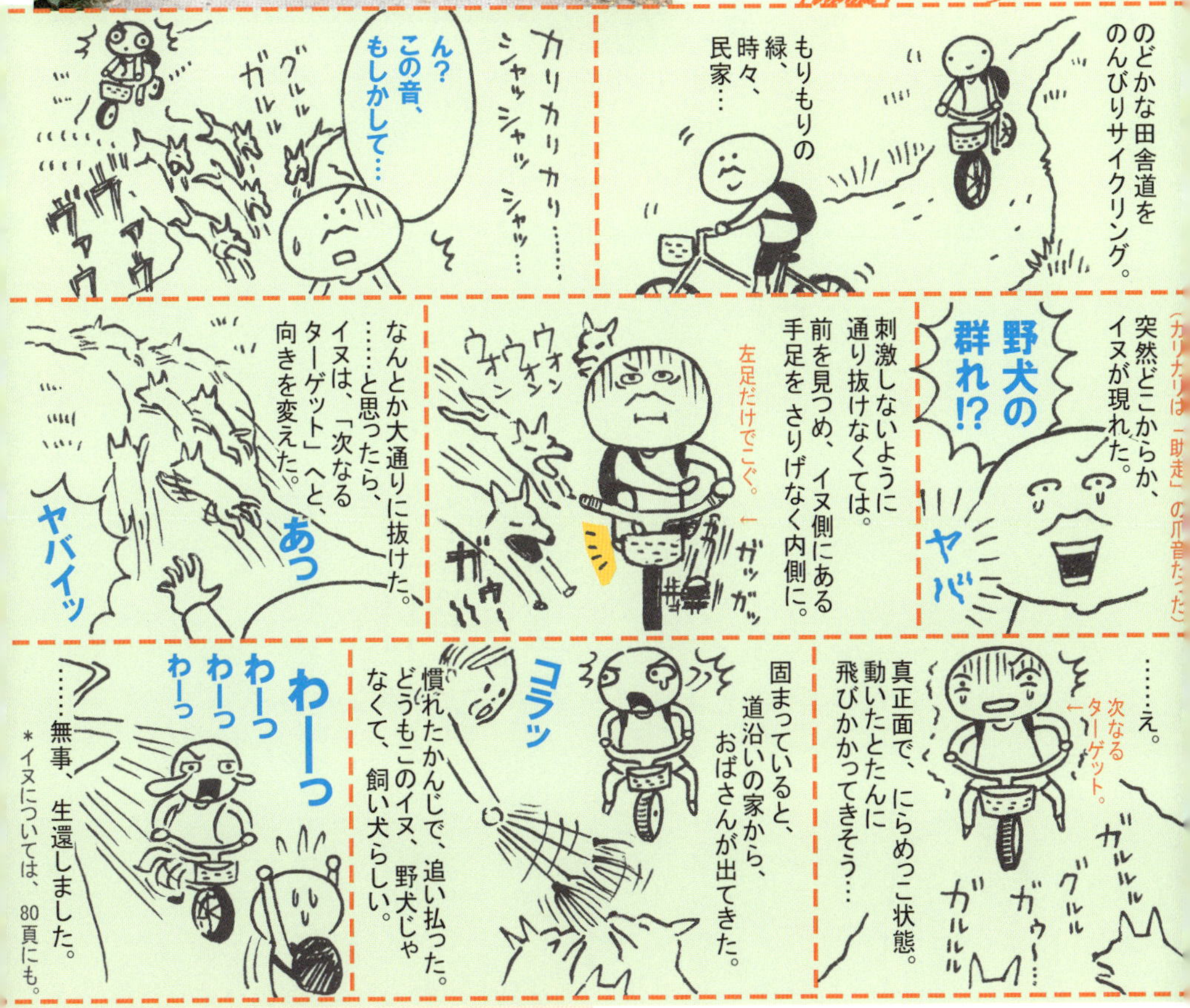

自転車を返却し、このあと どうしようかなと大通りに立っていると、トゥクトゥクの運転手が、ひっきりなしに声をかけてくる。

でも、まだ5時半。船着き場に戻るには早いので、断り、すぐ近くにあった遺跡（閉館まであと30分）を、駆け足で拝観することに。

ラスト もーいっこ みちゃおー

スキマにぴったり合わせた
几帳面な石垣。

額縁のように切り取って、
目に焼き付ける。

遺跡もうひとつ ⑫

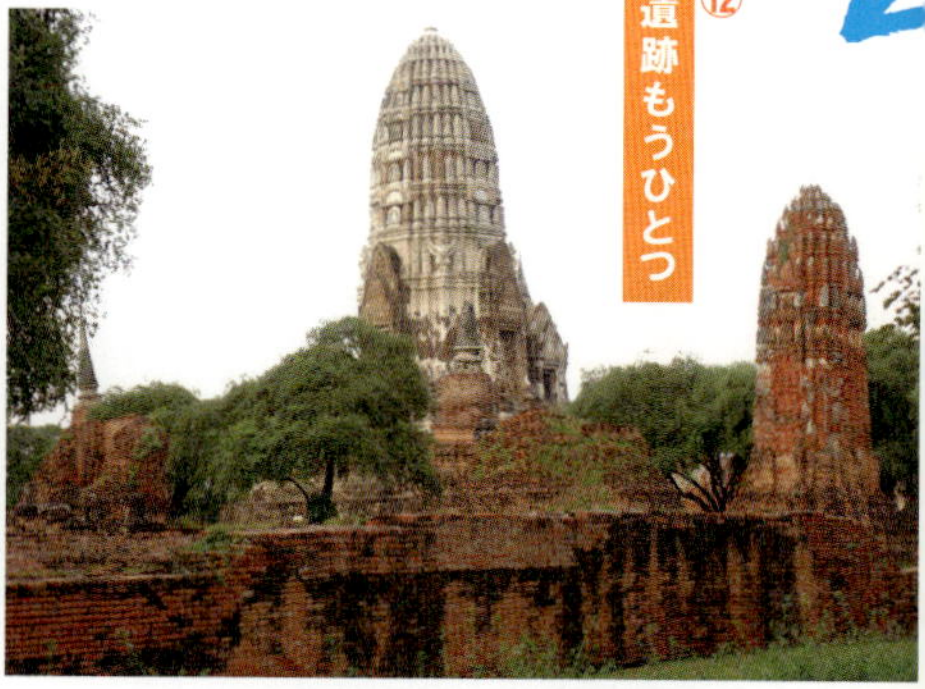

こちらも、クメール様式の塔。
今まで みてきた遺跡が……だんだん……
頭の中で、重なったり、入れ替わったり……
ごちゃごちゃに なってきました……

⑫ワット・ラーチャブーラナ

すると、

遺跡の裏から
イヌの気配が……

はっ
もう、出よう…

変貌する町

遺跡を見終わると、
たちまち暗くなった。
どこかの屋台街に
連れてってもらおうと
トウクトウクを待つが、
一向に来ない。
5分、10分……

さっき、
あれだけ走っていた
トウクトウクが、
不思議なくらい、
急にいなくなった。

人も ほとんど歩いてないし、
そろそろ野良犬も
活動しはじめる時間。
……なんだか怖くなってきた。

とりあえず、
ボート乗り場の方向に
歩きはじめる。

歩きながら振り返っては
トウクトウクを期待するが、
20分歩いても、
1台も通らない。

だだっ広く、暗い道。
決して田舎道ではなく、
建物が並んでいる大通り。
なのに、暗い。
人が、いない。

プップー
NO
まだ乗らないってば～

30分前の、
このやりとりが
ウソみたい…

トボトボ

どーしよ……

さっきまであんなにいた
欧米の観光客、
一体どこに行ったんだ？？
まだ6時半なのに、
雰囲気は まるで、
夜中の1時。
夜ふかししてしまったような、
罪悪感。

なになに
なに～

渡し船は、たしか8時まで。
それに乗り遅れたら、
どうやって向こう岸に
帰ればいいんだろう……

……と、前方に、
トウクトウクに寄りかかって
おしゃべりしてる、
地元のおじさんたちを発見。
これを逃したら、あとはない!!
乗せてください、と頼み込み……

はっ

……なんとか生還。

遺跡エリア、急に陽が落ちて、急に 人と トゥクトゥクが いなくなる
ハイ、肝に銘じました～
メモメモ

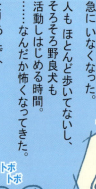

アユタヤ走馬灯

あっというまの
3泊4日。
あんなこと、
こんなこと、
アユタヤ日記。

⑬ **水上マーケット**

ザ・テーマパークだけど、作り込みがしっかりしてて
チャチくない。
国内のお客さんが多く、
お店にも活気がある。

川（池？）の周辺を、お店をみながら
ぐるっと まわれるようになっている。

のどかな、テーマパーク。

お買い物

お店の種類も多い。
ちょっと試食しては買って
食べて……が たのしい。

催し物

笑うつもりで みはじめた、剣術ショー。
しかし、女の子の迫真の殺陣に
引き込まれ、感動して泣きそうになる。

じーん
えっ

食事処

エビ入りパッタイを
注文したら、
エビが全く入ってない。
文句を言ったら、
次は、エビが半生。
生はヤバそうだったので、
仕方なく池の鯉にあげた。
大きいエビだったのにな。

お店は ちゃんと船の形。
川岸に横づけにした
物売りの雰囲気を、
醸し出している。

アユタヤ印象

第一印象は「普通の町」。ゴチャゴチャ。
もっと全体が古都っぽいのかと思った。

排気ガスひどい、ゴミだらけ。

でも「昼」に 芝生や公園が みえたら
ちょっと 印象がよくなった。

野良犬の多さは 世界一では??
遺跡の中まで うじゃうじゃ。ただ、
ほかのとこの犬より のんびりしてる?

観光のシステムが整ってなくてフシギ。
(駅に案内所が見当たらなかった)

人が さほど 観光ズレしてない。
しつこい人が いない。

えっ
いただいて
いいんですか!?

動揺する鯉。

ごはん、ごはん

朝はビュッフェで たっぷり食べ、遺跡観光中は、棒アイスで しのぎ（遺跡付近に食堂がないので）、夕食は早めに…というのが、アユタヤ スタイル。

駅、宿付近

観光客向けの食堂も、オープンなスタイル。ふらっと寄って、さらっと帰れる、気楽なお食事処。

観光客7、地元民3 ってとこかな。ほどよくローカル料理で いいね

⑭ 中洲の夜市

こちらは、夕方、地元の人が集まるナイトマーケット。（2カ所）

川に沿って食べ歩くスタイルのマーケット。

テーブル席たっぷり、食堂型マーケットも。

渡し船が8時までだからそろそろ帰らないと～
中洲はゆっくりできないね～

駅にて

駅には、トゥクトゥクの運転手らが、たむろしていた。

有名観光地なので身構えたが、悪質な客引きとは出会わず。

案内板を撮ろうとすると、必ずふざけて入ってくる かなりウザイおじさん（笑）。

カタコトの日本語ができるのは、怪しいポイントでもあるが、助かる。

鉄道や観光のことを（聞いてないのに）いろいろ教えてくれた。

tuk-tuk fares from ayutthaya railway station

行き先別に、トゥクトゥク料金の目安が書かれた、ありがたい看板。こうした取り組みで、健全な観光地に なっているんだね。

宿にて

朝食を食べに部屋を出ると、エレベーターが 2基とも止まっていた。

せめて扉閉めといてでしょ…
うわっ

仕方なく階段を下りていくと 階段も 床も びしょびしょで、タオルが敷き詰められていた。

ビュッフェのはずの朝食はワンプレートに変更され…
何があった?
雨漏り? からの漏電?…
そういえば 夕べ、テレビが点かなかったな…

部屋へ戻る時もまだ、壊れたまま。
7階まで ヘロヘロになって上る。

前向きな方

7階までの、階段登山。すれ違ったおじさんはヤケクソかつ、前向き。

エクササイズ!
……ですね

出発の日

次の朝も壊れたまま。どうやってスーツケースを下まで運ぼうかと思いながら朝食を食べていると、スタッフが来て、「今日出発ですよね。荷物運びます。何時がいいですか？」

時間を言うと、ぴったりの時間に来てくれて……ツラさもふっ飛びました。

①仏の顔も2度

結局、最初の晩にまわった遺跡のうち、
3カ所は、再訪することになった。
この仏さまにも、また会いに。

前回より1時間早いだけだが、
沢山の観光客がいた。

夕暮れも…
あれはあれでよかったね
静かで
ノー!!
ノー!!
仏さまに関してはタイ人も厳格だね

仏頭をバックに撮影する時、
仏頭よりも低い姿勢に
ならないといけない。かといって
寝っ転がるのはいけないらしく、
スタッフに怒られてる観光客も。

崇高で、かわいらしくもあるお顔。

奥の遺跡も、ゆっくりまわる。

年月とともに、自然と遺跡が交じり合い……
創建当時とは、また違う、
今だからこその味わいなんだろうな。

日が傾き、刻々と
レンガの色が濃くなっていく。

オレンジ色に
燃える塔。

遺跡巡りのコト

アユタヤの遺跡は、
ひとつひとつ、敷地が広い。
広大な芝生に
塔や仏像が点在しているので、
ひとつみるのに、
かなり歩きまわる。

暑さの中で、それは苦行。
疲れてくると、
どれも同じに思えてくる。
でもせっかく来たんだから
ちゃんとみなくちゃと思う、
その葛藤。

義務のようになってしまうのは、
本末転倒。

だから、
時間や体力がない時は、
潔く、1~2カ所に定め、
そこを丁寧にみるのがいい。

ゆっくり慌てず欲張らず、
時々、木陰に腰を下ろし、
ぼーっと塔を眺めながら、
その昔を想像したり……

……って
できたらいいのにな。
半分、理想。

ツライ

旅人はツライよ・イヌさんよ

野良犬が多いタイでも、
とくに多いのが、アユタヤ。
日中は だらだらしている
彼らも、夕方涼しくなると
急に元気になり、遺跡の中で
追いかけっこしたりしてる。

……こ、
怖いよ～…

遺跡だけじゃなく、アユタヤ駅前も、野良犬天国だ。

アユタヤの夜は暗い。歩道のあちこちでくつろぐイヌさん。

もし気づかずに踏んじゃったらと思うと、ゾゾーッ

ぞわっ

岩でもゴミ袋でも、なんでもイヌにみえて身構える。

遺跡の上で、数匹がぐるぐるまわっていて、全然観光できない……

グルルルっていってるし～

顔も怖いし～

しかし、その野良犬より獰猛だったのは「番犬」だったけどね

吠えるし、飛びかかってくるし、も～、どうしたらいいの

涅槃仏のまわりも、野良犬がウロウロ。

くつろぎトップ3

駅の構内で寝ているイヌ。
よくもまあ、こんな賑やかなところで…

Z Z z
あ、冷たいから!?
ウボン

屋台で飼われているイヌ。
わざわざ道の真ん中に寝る不思議。

Z Z z
@クラビ

なぜこんなに広々としたところで くつろげるんだろ…

涅槃仏の前で、激しくごろんごろん、してたイヌ。

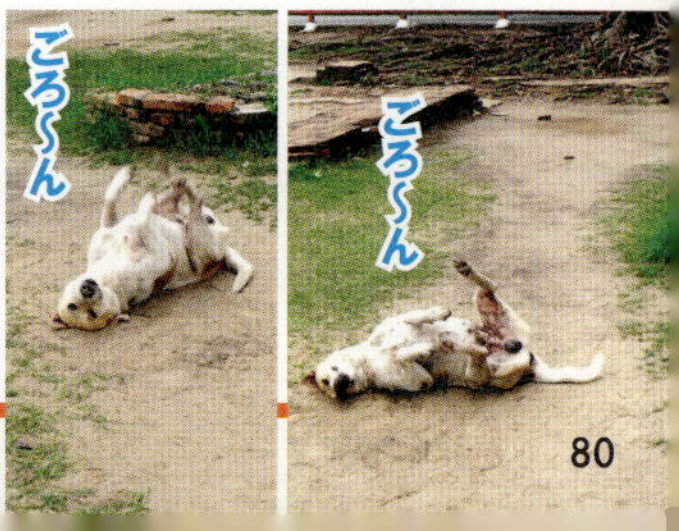

ごろ～ん
ごろ～ん

ツライ

旅人はツライよ・ゴミよ 空気よ 歩道よ

イヌの次に、散歩中の旅人を悩ますものたち……

デコとボコな道。
何が起きた…
地殻変動？

道がデコボコ

デコボコなだけでなく、縁石が高かったり、バイクや店が歩道を占拠してたり、イヌのウ〇〇が落ちてたり……

たらんたらんと景色を眺めながら歩く……というのは望めず、いつも障害物競争をしている気分。

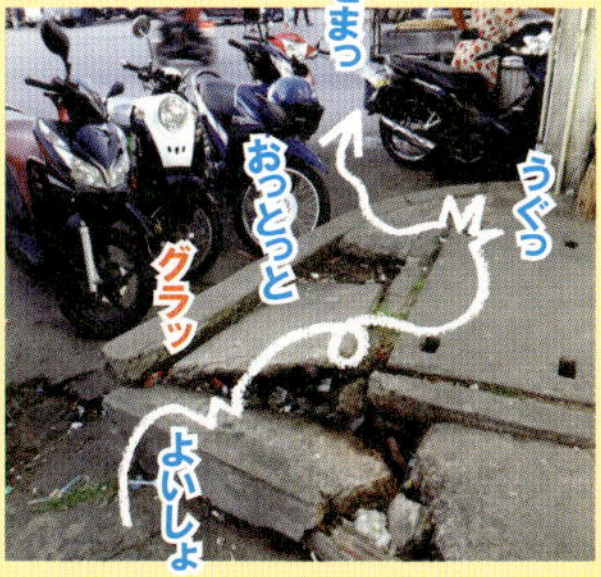

せまっ
うぐっ
おっとっと
グラッ
よいしょ

どういうルートで行けばよいか、つねに考えながら歩く。

タテにもデコボコ

狭い歩道の両脇に、お店のものやら、バイクやら、テーブルやらニワトリやら？…が置いてあって……

くねくね

そのスキマの形に合わせて身体をくねらせて歩く。

空気がしみる

とくに、チェンマイ。爽やかなイメージなので、毎回、到着してから、「そーだった…」と思い出す。咳ゴホゴホ、顔ザラザラ、……の日々がはじまる。

でもなぜか鼻の穴は汚れないんだよねー

掃除の概念

川の近くに、歩道に、建物の片隅に……町のあちこちにゴミがある。それも、ちょっと掃除すればすむような、プラスチックゴミなど。ああ、そこのボーっとしてるお兄さん、そこのゴミ、拾っちゃいませんか～？

あー、掃除したい！
ぷ

しかし、ある時……

タイルの床に、土足禁止とは知らず靴のまま上がってしまい、ものすごく怒られたことがありました。たしかにそこは、ピカピカに磨かれた床。

思えば、タイの人々が、「モップで床を拭いている」姿をよく見かけます。もう充分ピカピカですよ？と思うけど、一生懸命、磨き続けている姿を……

ここは靴ダメ！下りて！
ビクッ
すっすいません！

……床磨きと、ゴミをどーにかするというのは、別の話？それとも自分の場所だけはきれいに守るってこと？

スマホ 旅人とスマホ

スマートフォンが便利なのは、
私たちが わざわざ言わなくても
承知のことですが、
旅人にとって、 そしてとくに
方向音痴にとって、
いかに便利かを、
わざわざ述べさせてください。

観光地では、ほとんどの人が、スマホを「カメラ」として使っていますが、私たちの場合は、1回の旅で、数千枚撮るので、カメラとしては、使っていません。

町歩き中に、一番使うのは、「地図アプリ」……

地図アプリに、いかに助けられたか

紙の地図のいいところは、全体をみられるところ。印が付けやすいところ。
それでは、地図アプリのいいところは……

ここどこ？

町歩き中に、「今自分が どこにいるか」を確認できるのは、とても助かる。

紙の地図と違って、「現在地」が表示される。

「今どっちに向かってるか」がわかるのも、方向音痴にとってはありがたい。

移動手段を比較

目的地までの「行き方」だけでなく、「かかる時間」がわかるのがステキ。とくに、徒歩・電車・車を比較できるのが、見知らぬ町では ありがたい。

地図でみると つい近そうに思ってしまうが、「○分」と具体的にわかると判断しやすい。

威嚇になる？

トゥクトゥクやタクシーを使う時でも、運転手任せにせず、地図アプリをみていれば、ボられたり遠まわりしたりされにくい。

地図をみながら乗れば、土地勘もつくし。

降りる準備もできる。

現地で発見

ふいに時間が空いた時、その付近で観光できる場所を探せる。ガイドブックには載ってない小さなお寺なども出てくるので、思わぬ新発見も。

スマホ タイ人とスマホ

世界中がそうだけど、
ここでもみんな
相当なスマホ依存症。
勤務中の規制が
緩いのか、
店員さんも、
観光業の方も、
警備員さんも……
みんな、画面と
にらめっこ。

手にするものの変化

以前の店員さん…………現在

ショーケースの上で、麺類を食べてたのが、
今は、スマホいじりに変わった。

本質は変わってない？

翻訳アプリの限界……

やたら使おうとする方が多いが、これで解決したことが、ほぼない。
たいていは誤訳、でも相手は伝わったと思っている……からヤヤコシイの。

相手は、日本語訳をみせたことで
こっちが理解したと思うから、
話が複雑になる。
「わからない」というと、
「日本語わからないの？」
という顔をされる。
「この訳ヘンだよ」というのを
伝えるのはムズカシイ……

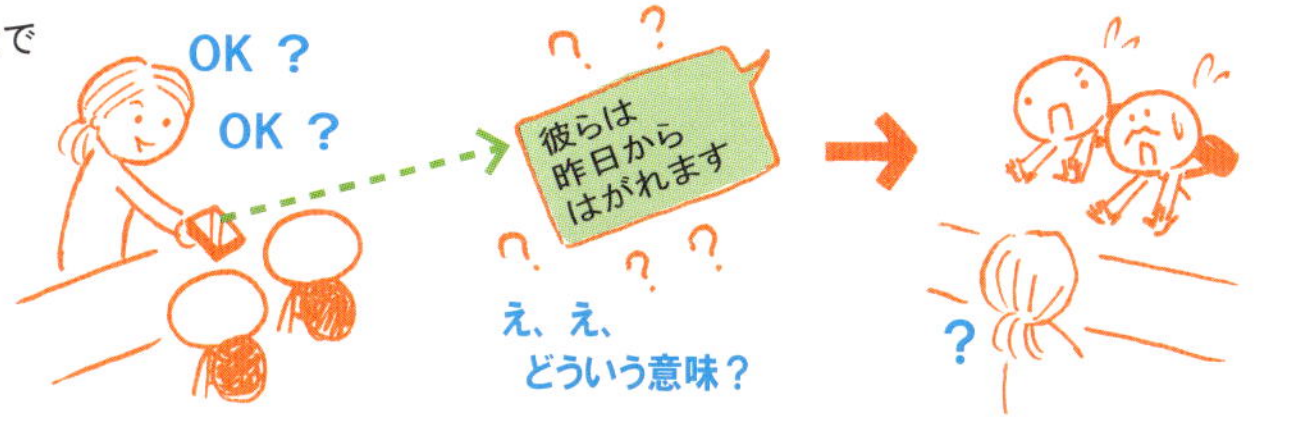

OK ？
OK ？
彼らは昨日からはがれます
え、え、どういう意味？
待一って待って わかんない〜っ
？

使えることも

文字を撮影すると
翻訳してくれるアプリ。
博物館の説明書きに使ってみる。
ヘンテコ訳だけど、
何について書いてあるか、
大まかには わかる。

…たぶん 神に捧げるとか なんとか……
あ、生活の道具じゃないのね、なるほど

うれしい時

駅の待合室にいると、スタッフのおじさんがやってきた。
目の前で、スマホと格闘しはじめた。
何を一生懸命やっているのかと思ったら……

あなたたちは、間違うことはありません。
な、なんだろ？ なんだろ？

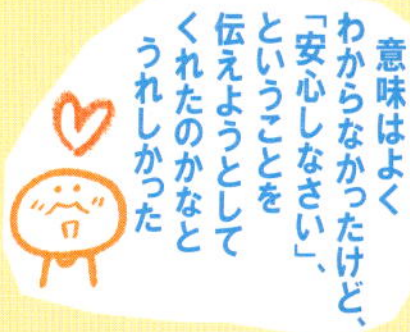

意味はよくわからなかったけど、「安心しなさい」、ということを伝えようとしてくれたのかなとうれしかった

めんどくさいです

カフェで、
「コーヒーが来てない」と
言おうとしたら
店員に制され、
何かと思ったら
スマホを持って戻ってきた。
「はい、これに言って」。
いや、コーヒーまだ？って
聞きたいだけ！

はい言って
いや、だからコーヒー
ぷ

まずはコミュニケーションとろうよ

本末転倒

まず、変な日本語訳をみせられ、
頭をひねる。
「これって、こういう意味？」と
身振りや片言で表現してみると、
「そう、そういうこと！」と反応。
……よかった通じた……って、
あれ？ 最初から
身振り手振りで いいじゃん…

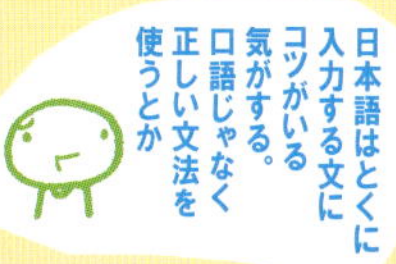

日本語はとくに入力する文にコツがいる気がする。口語じゃなく正しい文法を使うとか

スマホ歴＝年齢？

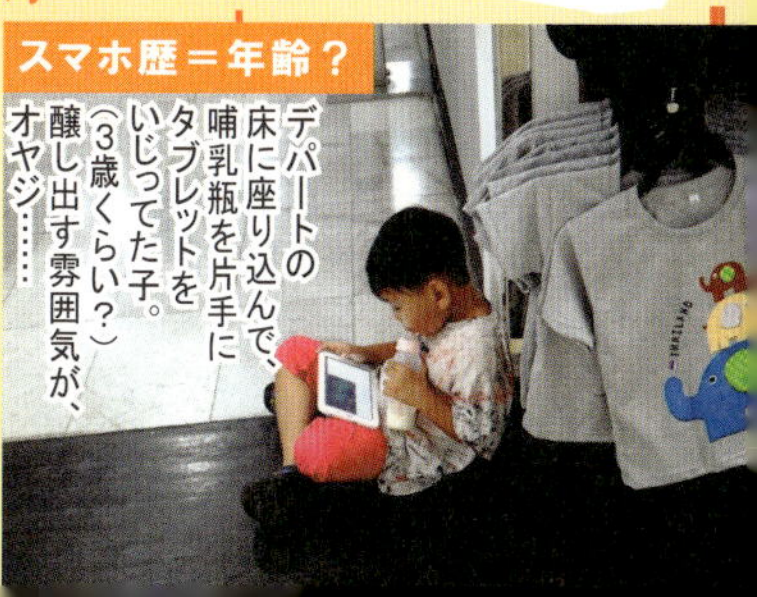

デパートの
床に座り込んで、
哺乳瓶を片手に
タブレットを
いじってた子。
（3歳くらい？）
醸し出す雰囲気が、
オヤジ……

食 ハマった食べもの

見つければ食べていたもの、
探してでも食べていたもの…
道中、ずっと
頭から離れなかった、
ハマった食べものたち。

ムーピン

甘いたれの豚串。
漬け込んであるらしく、
肉がやわらかで、味も深い。
アツアツだと、さらに美味。

どうやって作ると、こんなに
やわらかくてジューシーになるんだろ？
どうしてこれが日本にないのかな？

マンゴーライス

前回は苦手だった も、
今回は一緒にハマって、見かけては食べてた。でも、結局これって、
食事なの？ スイーツなの？？

正直 まだ ちょっと 怖いけど、不思議な 魅力が あるのは 認める…

マンゴーライス。それは、
ココナッツ味のもち米と、
生のマンゴーを
合わせて食べる、
ファンキーな一品。

カラフルに炊いたもち米が、きれい。

←食べやすいタイプを発見。（115頁）

サンドイッチ？ おにぎり？ または寿司？

チェンマイソーセージ

どれも
おいしいけど、
豚肉とお米を
発酵させて
作った、
この酸っぱい
ソーセージは、
不思議な魅力。

チェンマイの屋台で、とぐろを巻いている。

ちょっと ねっちょりしてる。

アイス探し

棒アイスの
種類が多く、
それが
お店によって
あったり
なかったりで…
アイスのケースを覗くのが、
毎日のたのしみ
になってた。

食事っぽいフレーバーが多いのが、面白い

「冷製コーンポタージュ」味。

昔あった「里のくり」の「カボチャ版」味。

「うるち米とタロイモ」味。
モチモチで、やみつき。

「ドリアン」味。袋を開けた瞬間のニオイで、まず後悔。
ひと口かじって、さらに強いガス臭に、口を閉じられない。
でも頑張って咀嚼して………飲み込む頃には ニオイが
抜け、コクのあるフルーツ味を感じる。

でも、ゲップは やっぱり
ドリアンだな…

食 食べもの、あれこれ

タイの人たちには
あたりまえでも、
旅人には
不思議に思えること。

○○の肉

挑発的な品揃えの店。お肉は なんとかイケても、
サソリはなぁー……。どなたか、ぜひ。

経験として食べてみるか？

↑ワニの肉、食べてみた……。感想「うん、ワニっぽい」。

道端の……

ドリアンにつまずいて転べばいい？

歩道に置かれた、ソーセージとドリアン。
腐らないの？ と思ったけど、もしかしたら
どちらも、発酵を促しているのかも？

ドギツイ……いや、カラフルなお菓子。
タイの人たちは、この色をみれば
「おいしそう！」って感じるんだろうな。

口に草をぶっこまれ、炭火で焼かれる
かわいそうな魚たち……おいしそう。

ケームプーという、豚の皮を揚げた
スナックのようなもの。

「いけないもの」って思ってきたけど、
最近ラードは身体にいいっていう説も
あるし…って言い訳しながら、
夜食にボリボリ。

……なるほど。

写真付きメニューを置いてある店が多くてありがたい。

海外では珍しい

「お箸」のおまけ付き、かっぱえびせん。

お箸で食べるってことかな

不安的中。
ほとんど身がない。
一瞬で食べ終わった……

食堂で 90 バーツは結構いいお値段なんですよ

大好きなトートマンクン（エビのすり身揚げ）。
「サトウキビに巻き付けてある」という
料理名に、不安がよぎる……

念のため言いますけど私は、こっちです

食事のお供は、たいてい、このコンビ。

海と小島リゾート、クラビへ

タイの海リゾートは初体験。
マレー半島の東と西では、
ベストシーズンが
真逆だということで、
「今、季節のいいほう」
を選んだら、
西側（アンダマン海）
になりました。
その中でも、
なんとなく
名前の響きのよい、
クラビに決めました。

鉄道で、アユタヤ→ドンムアン空港へ。（約40分）
そこからクラビへは、飛行機で約1時間半。

だから今日は、早めに空港に行って、航空会社のオフィスを探し、帰りのクラビ→バンコク便を「なんとか」しなくちゃいけない。

そのやりとりを思うと、そわそわ、どきどき、どよんどよん……なのだ。

門前払いされそうで怖い……

……結論を言うと、手数料を払って、すんなりと5日後のチケットが取れました。

2人往復約3万円のチケットだったのですが、この時払ったお金は約6千円。これが変更手数料なのか、新たに買い直した形なのか、向こうの変更ペナルティが考慮されたのか……残念ながらよくわかりませんでした。すみません。

ほっとした機内で、機内食を食べる。（今回はほんとに私たちだけだった）

空港からシャトルバスに乗り、宿に着く頃にはもう、真っ暗になっていました……

クラビのゲストハウスのオーナーは、とても親切で、勘のよい方。

旅人のツボをよくわかっていらっしゃる。

ここで過ごす数日が、たのしくなりそうで、疲れも飛んでいきました。

一方、この宿のイヌさんは……宿屋に生まれたからには、「お客」っていう存在に慣れてほしい…人が来るたびに これだけ吠えてたら、自分も疲れるだろうに。

洞窟と海

さあ、海リゾート。
ここにいるあいだは、
遺跡もお寺も
お休みして、
ただただ自然に
身を委ねよう。

1日めから、
さっそく、海。
宿からすぐの
船着き場から、
乗り合いボートで
洞窟とビーチを
目指します。

乗り合いボート

船着き場へ行く途中、ジョニデ気取りの怪しい奴が、声をかけてきた。無視しても、ずっとついてくる。しつこいなあ……と思ったら、彼は船頭だった。

こんな形のボート。
10人ほど集まると出発する。

最後に乗った人は、
ここに座る。（屋根なし）
はじめは たのしそうだけど、
だんだんツラそうな顔になっていく。
とくに、この髪型（?）は。

不思議な形の岩山が現れた。

ライレイ東に到着。

位置関係は、こんなかんじ。観光客は、だいたい、クラビタウンか、アオナンに宿泊する。アオナンは、ツアーが発着するし、ビーチにも行きやすく便利。ただ、夜は騒がしそうだ。一方、私たちが泊まったクラビタウンは、リゾートまでの「足」は不便。でも、規模も人の数もほどほどで、地元民も沢山いて……こっちの雰囲気のほうがすきだなあ。

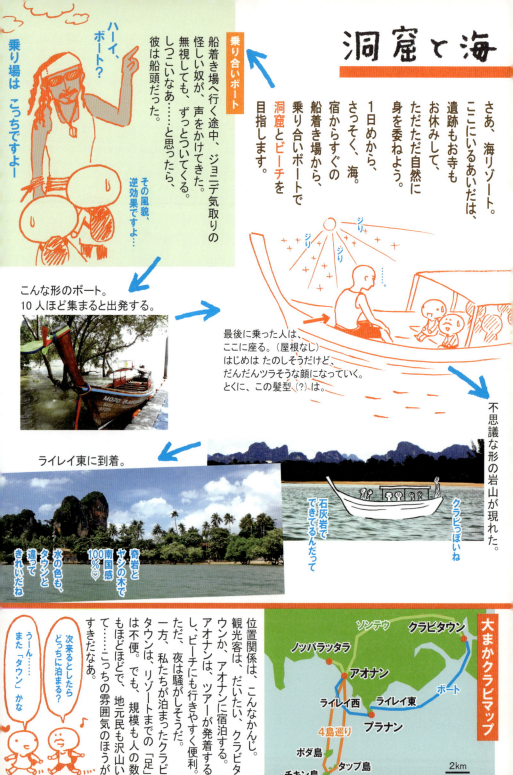

鍾乳洞の道

ビーチへは、迫力の鍾乳洞と、時々、ねじれ絡まる木のある、少々不気味な道。

カビ？
ムンムン
ポタポタ

南国の洞窟って、空気がぬるくて息苦しい。唇や小指の先まで、蚊に刺されるし。

プラナンエリア到着

わぁ～

翡翠色の海。そこに浮かぶ、変わった形の岩。これぞクラビってかんじだよね～

白砂の感触

遠浅のビーチ。水深2センチのところの、砂の感触がキモチイイ。

ね、お願い！裸足で足踏みしてみて。すっごいキモチイイから
足を浮かせないでムニムニするかんじで
……わかったよ
「裸足で湿ったところ」が苦手。
あれ、キモチイイ？
ペタペタ
満足。

岩の下で泳ぐ人々

ガウディ建築を思わせる鍾乳石。剣のように鋭い。この下で泳ぐのは、怖くないのかな。

もしあの剣先が落ちてきたら……って、先端恐怖症としては地獄かも
行ってみたいけど深そうだな。大人が首まで浸かってる

船の屋台

ビーチにある「食堂」は、ゆらゆら揺れる船の上。景観を台なしにしてるとみるか、ここらしい風情ととらえるか。

アイス買おうよ

海以外のたのしみ方

時々、泥だらけのカップルとすれ違ってギョッとしたが、ここには、ロッククライミング目当てに訪れる人も多い。

赤土が「血」にみえる。
ギョ
うわ

道中、崖に「ロープ」が垂れ下がっていたが、これを上ると、反対側のビーチに抜けられるんだそうだ。

なるほど、これを上がってきた人たちか
たしかにちょっと挑戦したくなるな。やんないけど

灰色ロングビーチ

今日は、ノッパラッタラビーチに行くことにした。
ちょっと離れたところにあり、地元民に人気な素朴なビーチらしい。
いそいそと準備し、外に出ると……

ザザー
えっと……これは……
ザー

——どしゃぶり。

背後で、「雨だねぇ～」と、オーナーの声。
「お寺もあるわよ」って勧められたが、それでも「どしゃぶりの海」を選ぶ。
途中で晴れるかもしれない、と、わずかな期待をして。

願いは届かず

ひたすら長い浜辺。
人がいないから、余計に広く感じた。
晴れていれば地元の人で賑わっていたんだろうな。
3つの灰色で……↓
作られた世界を、傘をさして歩く。
貝殻を拾ったり、出たり引っ込んだりするカニを観察しながら。
時々目を細めて、「晴れた海」を想像して。

ほんの一瞬、明るくなった。

①空
②海
③陸
カニ！
こっちも！
ここの貝殻、割れてないのが多い！
海の色をみるのが目的なのに
何が残念って、晴れないと、海の色がきれいじゃないんだよね

雨宿り

雨の勢いはさらに増し、仕方なく浜辺を引き上げ、近くにあった食堂に避難する。

↑酢豚ならぬ酢エビ。
ほか、マンゴーサラダ、空芯菜炒めをいただきました。

小降りになったら出ようとようすをみるが、雨は激しくなるばかり。

ふと、なぜかそこにあった、「日本の歴代首相」の湯呑みに目が行く。
これが古いもので、「竹下首相」で終わっていた。

そのあとが誰だったかで小一時間つぶす。

ウノさんっていたよね
あと眉毛が長い人、名前、え～と

結局、雨はやむことはなく、あきらめて、タウンに帰りました。

……帰ろっか

でもこの地区、新しくホテルが建設されてたり、屋台やショップもあるみたいで、たのしそう。天気のいい日にリベンジしたい。

宿周辺散歩

てことで、早々にタウンに戻ってきた。
気分を切り替えて、
近所を探索することに。

オーナーが、
図をかきながら、
今から行けそうな場所を
提案してくれた。

船着き場わかる？
ここ、夜には
屋台が出るよ。
この道の先は
週末マーケット
金土日だけね。
そうだ、
今日はすぐそこで
木曜マーケットをやってるわ
キャン
キャン
キャン
しーっ

↑
オーナー…どこか日本人っぽい雰囲気。
勝手にナオミさんと呼んでいた。

イヌさん…
未だ認めてくれない。→

ただ……
昨日の午後には
仕上がると言っていた洗濯物が、
まだできてないという。
すぐっていうから、
ほとんど出しちゃって、
昨日と今日、同じ服着てるんだよね…
潮風と雨でペタペタで、
さすがに明日は着替えたい…

木曜マーケット

宿の近くで開いていた、週に一度のナイトマーケット。
野菜などの食材が売られていたり、屋台の料理が とっても
ローカルだったり、小規模で地味だけど、ほぼ100％地元民で、
これぞ夜市の原点、と感じた。

一見、灯りも暗いし、
店も人も少ないし、
あまり活気がない………？

イスがある屋台は、この店一択。

なんか
食べよ

……しかし、ひとたび、
路上カラオケ大会？が はじまると、
おじさんとおばさんが踊りだす。

ノリノリだね

ちょっと調子っぱずれだけど、それが またいい。

手前は頼んだもの、奥は付合せの野菜。
なぜか皿はすべて「ボウル」。

そうめん＋魚、そうめん＋チキン。
ほかの屋台では みたことないなー

（実際には、そうめんではなく米の麺）

このマーケットには
夜7時に来たが、
1時間も
しないうちに
終わりモード。
地元民は
早寝早起き
なんだね。

夜8時を過ぎると、
町は静かになり、
真っ暗……
歩いてると、やっぱり
不良な気分……

街灯が少ないので、ミニライトは必携。

さ、明日はまた海だ！
4島巡りに行くよ

晴れますように！

4島巡り

「明日の海は晴れますように！」
そうお願いして眠りについたものの、
夜中じゅう降り続いた雨は、
朝起きても、まだ降っていた。
ツアーバスに乗ってるお客の顔が
みな暗い。どんよりした心を積んで、
アオナンの船着き場へと向かう。

ワイルドな乗船

「浜辺」から、歩いて船に乗る。
しかも、だいぶ沖に
停泊しているので、
いきなり、パンツまで
ずぶ濡れになる。

……。

乗る時、
みんな
「まじかよ」という
顔をしている。

降りる時は、まず自分が降り、足が着いたら荷物を受け取る。

不安な同行者

出航ギリギリに乗り込んできた、
総勢十数名の南アジア系のおじさんたち。
乗った早々騒がしくて、
いきなりスタッフに怒られていた。

恰幅のいいおじさんたち。
社員旅行だろうか。

うわっはっは
すげえな
おい あれを みろよ
兄貴 これ食うか
ギャーハッハ
おお
おーい これ食う奴 いるか～？
ちょ、顔近いよ
……

ほかの客がいないかのようなふるまい。
勝手に「ワイワイおじさん」と呼んでいた。

この先の集合時間を、ちゃんと守って
くれるか不安……と思っていたら、

みなさーん、今日は よろしくお願いします。この先、時間厳守です。1分でも遅れたら、おいて いきますからいいですねー

スタッフが、
ナイス先制攻撃。

島① 雨のプラナンビーチ

最初に降り立ったのは、おとといも来た、このビーチ。
今日は雨に濡れて、岩肌が黒々していた。

ほんとはここは「島」じゃない。でも船じゃないと行きにくいので、4島のひとつに数えてるんだって

地形を知らなかったら島だと思っちゃうね

鍾乳石下の
エリアも、
この前は
あんなに
深そうだったのに、
今日は、
歩けるほど
潮が引いていた。

日によって
こんなに
違うんだね

島② タップ島

干潮時、隣の島とのあいだに、道ができる。その両側から波が寄せる、不思議な光景。波の中を覗くと、沢山の魚がいた。

崩れる寸前の持ち上がった波が、一瞬、水槽のようになる。

面白い
魚がよくみえる

この時、少しだけ空が明るくなった。もっと太陽が出たら……と、つい、ないものを追い求めてしまうが、いやいや、今ここにあるものをたのしまなくちゃ！と、何度も自分に言い聞かせる。

島③ チキン島

七面鳥みたい。ほんとの名は、ガイ島。

この島にはなぜか上陸せず、（理由を言っていたようだけど、聞き取れず）周辺で、シュノーケルタイム。魚は10種類以上みられた。深いところには、1メートル級の魚も泳いでいました。

見上げると、鍾乳石や崖が迫ってくるようなこのロケーション、ちょっと探検気分。

あだっ
いでっ

どっちを向いても、ワイワイおじさんに蹴られる。

島④ ポダ島

ここで、遅めの昼食タイム。1時間ほど自由に過ごし、これにて、島巡りは終了。

こういう巨岩が、クラビらしさ。

どうやってもフレームに入っちゃうワイワイおじさん。

なんと、ワイワイおじさんたちは、最後まで集合時間を守った。見直したよ…疑って悪かったね…と思っていたら、そのすぐ隣で、ペットボトルをポイっと砂の上に投げ捨てた。も――――っ‼

ツアーの昼食

ごはんが入った容器が配られ、列に並んでそこにおかずを載せてもらう、給食みたいな方式。

骨付きチキンと炒め物。

容器の形がいろいろなのが面白い。

つねに妄想

雨の日の海では、「快晴の時の海」を想像するのに忙しい。

もし晴れていたらこの色がもっと鮮やかな青緑で、
太陽の光の反射でキラキラも加わって……
砂ももっと明るい白で……

帰りの顔

ぎゅうぎゅう詰めのビッグソンテウは、まるで護送車……

みんな、どっと疲れが出てる模様……

ワイワイアオナン

夕暮れのアオナン。
貝殻交じりの砂が、 素足に痛い。
長く広いビーチに、
思わず 深呼吸。
大きな岩山。
この存在が、
ここを特別な場所にしている。
この風景をゆっくり眺めたい……

この岩山かっこいい

そう思いカフェを探すが、高そうなレストランやコテージばかりが並んでいる…

それでも山のほうに向かって歩き続けると…

山
海
あれ、急に砂利道になったよ
あ、このカフェ安い！

奥に行けば、庶民的な店があると知る。

ステキカフェ

さっそく、ココナッツジュースを注文。
「ヤシの実 丸ごとの」と、伝えたいのだが……

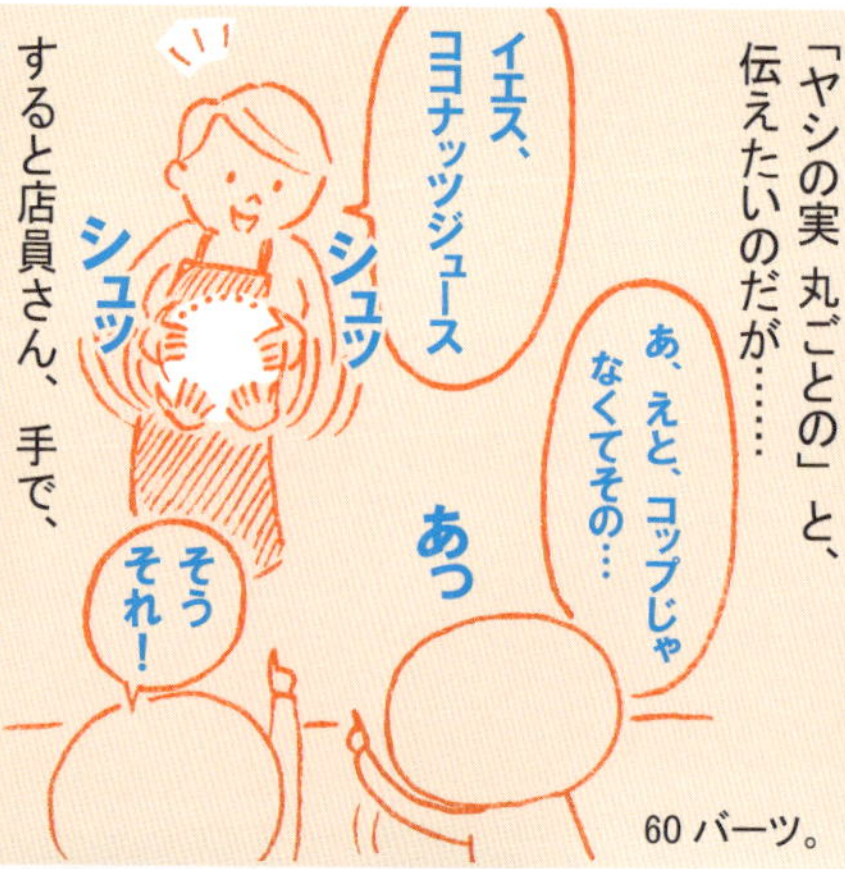
あ、えと、コップじゃなくてその…
あっ
イエス、ココナッツジュース
シュッ
シュッ
そうそれ！

60バーツ。

すると店員さん、手で、ヤシの実の球を描いてみせた。
なんて勘がいい、なんて親切、
そしてこの方法、次回から使える♡

砂の上のテーブル、
海辺の木陰、
心地よい風、
かんじいいし、
安いし……
ステキでした。

夜のアオナン

クラビタウンの何十倍も賑わっていたアオナン。土産物屋、レストラン、夜のショー……

INFORMATION
Private Boat

ショーの客引きのおネエさんたち。色白で、超スレンダー。

バンコクでも、これほど美しいおネエさんは、みなかった。

地図上に「夜市」とあったので、その辺りを探すが……

ない
なんでだー

……見つからず。

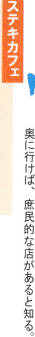

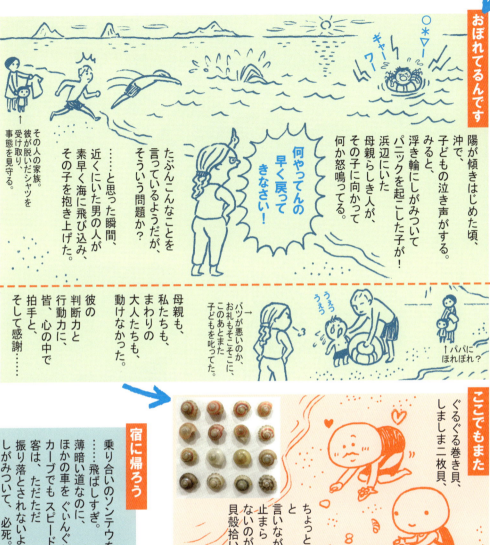

おぼれてるんです

○＊▽ー
ギャーワー

陽が傾きはじめた頃、
沖で、
子どもの泣き声がする。
みると、
浮き輪にしがみついて
パニックを起こした子が！
浜辺にいた
母親らしき人が、
その子に向かって
何か怒鳴ってる。

何やってんの
早く戻って
きなさい！

たぶんこんなことを
言っているようだが、
そういう問題か？

……と思った瞬間、
近くにいた男の人が
素早く海に飛び込み、
その子を抱き上げた。

↑その人の家族。
彼が脱いだシャツを
受け取り、
事態を見守る。

↑パパに
ほれぼれ？
うぇっ
うぇっ

←バツが悪いのか、
お礼もそこそこに、
このあとまた
子どもを叱ってた。

母親も、
私たちも、
まわりの
大人たちも、
動けなかった。

彼の
判断力と
行動力に、
皆、心の中で
拍手と、
そして感謝……

ここでもまた

ぐるぐる巻き貝、
しましま二枚貝、

ちょっとだけ、
と
言いながら、
止まら
ないのが
貝殻拾い。
レストランは、インド系？の方たち
の客引きがしつこすぎて、
入る気が失せる。

ハイ
ハイ
ココ
ココ
ノー

お店を探してる時でもつい、
反射的に、ノーと言ってしまう。

それを差し引いても、
メニューが欧米化していて、
価格も高く、魅力を感じない。
沢山ある土産物屋も、よくみると
同じモノばかり売っている。
クラビタウンに
帰りたくなってきた……

晩ごはんは
タウンで食べよっか…

宿に帰ろう

乗り合いのソンテウを拾ったが、
……飛ばしすぎ。
薄暗い道なのに、
ほかの車をぐいんぐいん追い抜き、
カーブでもスピードを緩めず……
客は、ただただ
振り落とされないように
しがみついて、必死。

ちょ、ちょっと
こんなとこで
死にたくない

まったりライレイ西《ウエスト》

久しぶりの快晴に 小躍り。
今日もボートで海へ向かう。
岩の形、 砂の色……
天気がよかったこともあり、
ここライレイ西のビーチに、
一番リゾートを感じた。

波打ち際に停泊するボートも、 この土地らしさ。

迫力のある岩肌、なめらかな砂。

……ただ、快晴なのに、空が、そこまで抜けた青じゃないのは、ここの特徴なのかもしれない。お土産のポストカードも、どれもうっすら、雲のベール。

プライベートビーチ的な場所を見つけ、各自、時を過ごす。

昼寝できそうだな
しちゃおうかな
ここの岩山が石灰岩なら、
転がってるこの石は、
大理石かな……

タウン→ライレイ西

船着き場に近い店でパンを買っていると、例のジョニデ君がやってきて「急げ」という。船が出るのかと思い慌てて走ると、ほかに誰も客がいない。結局、集まって出航するまで1時間待たされた。（なんだったんだ？）

このロスはイタイが、フリー旅ではありがち…

船は、ライレイ東に着く。

マングローブが茂る。

ここから、海沿いに南下すれば先日のプラナンエリア。半島を突っ切るように歩けば、今日の目的地、ライレイ西だ。

こんな素朴な道を歩く。

南国ダラダラ通り

ビーチもステキだが、そこから垂直に伸びる「小道」がいい。
通りは舗装されておらず、真ん中にヤシの木。
土産物屋、レストラン、バー……そのたたずまいは素朴。
南国に求めるイメージ、そのまま。

EXCHANGE

ほとんどの店からレゲエが流れてくるので、ただ歩いてるだけなのにノッてるみたいな歩調になって、ハズカシイ。

あ、イヤ
あれっ
スッチャ
スッチャ

何もかも ちょうどよい。ありそうでない風景。

奥に奇岩がみえると、雰囲気5割増し。

奥の空き地では、おじさんがゴムひもの上でぴょんぴょん跳ねていて、欧米の若者が、尊敬のまなざしで見つめている。カンフー映画の修行シーンのような光景。

地獄ランチ

ビールとココナッツジュースくださーい
あと、ソムタム（パパイヤサラダ）辛さ控えめで
まるっと丸ごと

↑さっそく使ってみる。

……って、伝えたはずなのに……

青唐辛子バクダン、ヤラレタ……

アガー

↑ティッシュ詰めてる。

かじって、すぐ出したが時遅し。舌を洗っても何をしてもダメ。唇や歯茎まで腫れてきた……

この中のどれかが青唐辛子。（全部インゲンにみえる）今写真をみても、犯人がわからない…

久々、ナースみどり登場。

いーこと考えた
結構効くぅ〜

↑冷えたココナッツの果肉を、湿布代わりに。

口の中に、削いだ果肉をマウスピースのように敷き詰める、斬新な療法。

ダラダラのその裏に

ふと思う。ここでダラダラと過ごしている人たち……

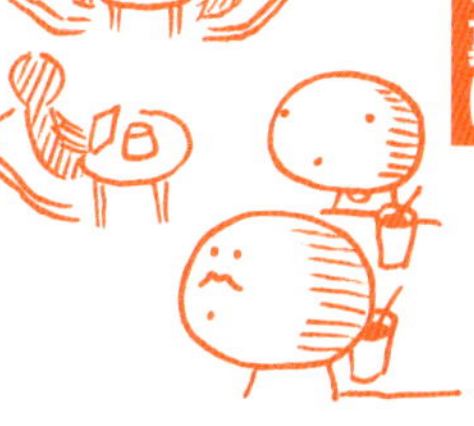

この人たちはここに、思いつきでフラッとやってきたようにみえるけど……

全員が、飛行機やバス、ボートを乗り継いで、ここにたどり着いているんだ。それだけじゃない、ここに来るということを決め、調べて、休みを取って、予約をして、お金を払って……

じつは、こうしてダラダラするために、とってもテキパキとしてきたはず。そう考えると、なんだかおかしくて、うれしくて、仲間なんだなあと思える。

帰りのボートで、急におなかの調子が……

ギュルルル
ヤバイ。パインのジュースがあたったか？ ボートでもよおしたらどーしよう……
そ、そしたら布で隠すとか、えっと、音とニオイは…、だ、大丈夫だよ！ なんとかする！
ムリ。そーなったらあたしごと海に捨ててくれればいい

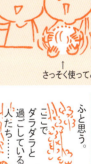

クラビタウンぐるぐる

私たちは、この町を拠点に、島やビーチに出かけていた。リゾート方面に行くにはちょっと不便だったけど、**地元の人**の生活を感じるこの町で、よかったと思う。

町の中心部

町の中心の交差点。
←原始人？ たちが、信号を担いでる。

わぁ、4人いるー

町は、リゾートっぽくなく、普通に人々が生活してる。

白いお寺。お寺の看板が、
テーマパークみたい。

境内には、なぜか ニワトリが いっぱいいた。

ちょっと離れるとすぐ、こんなに緑豊か。

ハァハァ
坂が多いね

宿周辺

私たちの泊まった宿は、ちょっと町外れにあった。近くには、欧米からの観光客が好みそうな小さなバーがあり、賑やかな店もあったけど、アオナンの喧騒に比べれば、ずっと情緒があって、夜の散歩がキモチイイ。

そういえば、例の洗濯物……
その翌日も、廊下にまだ、
湿った状態で掛かっていた。
やっと仕上がった時、
ボタンが取れ、おぼえのない破れも……

うん、それ以外は快適な宿！

これが、私たちの泊まったゲストハウス。

ただいまー

ウィークエンドマーケット

金土日、3日間通った夜市。地元の人と観光客が7対3くらい？
木曜マーケットとは桁違いの人で賑わっている。

アート作品のお店や、小学生による楽器演奏なども。

ここでもやっぱり路上カラオケ大会。路上カラオケとはだいぶ違うけど。

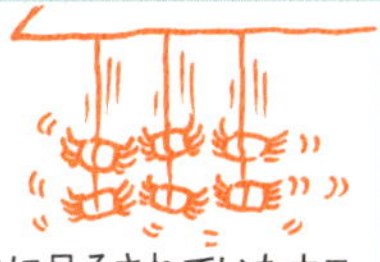

店先に吊るされていたカニ。元気に暴れていたが、閉店頃には力尽き……

雨が降っていた日は、屋根のある席の、争奪戦。なんとか確保できたら、交替で、「買い出し係」と「席キープ係」になり、忙しい晩餐。

ほいっ、揚げ物。次、飲み物行ってくるっ
食べてていいよ
くるっ
ダッ

皿の上の料理が減ってくると、席が空くのを期待され、すぐ横に立たれる。そして、容赦ない視線……

ま、待ってね まだ食べてるでしょ…
じー…

余ったケーキを全部食べてそうな店主。（すみません）

なるほど、屋根なし席でもレインコートを着ればいいのか、……と思ったけど、料理は水浸しだよね？

船着き場の屋台街

屋台というより食堂かな。でっかいお魚が食べられる一角。

ある店に誘われたが、すでに食事をすませていたので、「明日来るから」と、おばちゃんと固く約束。次の日、律儀にその店に行ったら、あれ？ テンション低い……

おばちゃーん ちゃんと来たよーっ
あ、はいはい

すっかり忘れられてる？

クラビ最後の夜

役所の塀に何十枚も連なる、「クラビの歴史」を描いたレリーフは、恐竜の時代からはじまる、壮大なもの。

じっくり みよう…
「信号の原始人」に似てる人がいっぱい…

みてるあいだ、ずっとネコが足に絡みついていた。

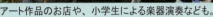

食

ココナッツスイッチ

……スイッチ押したの、誰ですか……
旅のあいだ、ずーっと、
ココナッツに ハマって さあ大変。
天然のやさしいジュースが、
ほてった身体に しみ渡る。
実だけではなく、
アイスやゼリーなどのお菓子まで、
見つければ、いや、探してまで、
毎日毎日 ココナッツ。

冷え冷えのおもてなし

おぉっ、冷えてる！
この店エライ！

＊ジュースは、断然冷えたものがおいしい。

何に感心してるかというと、これを丸ごと冷やすには、
相当、冷蔵庫内で場所をとると思われるが、
それでも冷やしておいてくれるという心意気に。

2度おいしい

滞在4日めに思い出したのが、ジュースだけでなく、
果肉も たのしめるということ。
飲み終わったあとの おたのしみ、果肉ほじほじ。

奇跡の実

中みがこんなに液体でいっぱいで、
上を切っただけで、
「コップにジュース」状態。
まるで人に飲んでもらうために
生まれてきた実だよ、と、
飲むたびに語ります。

添えられたスプーンでは、曲がってしまったりして、
うまく削れない。うぅ、食べたいのに……

果肉は、内壁に
張り付くようにある。

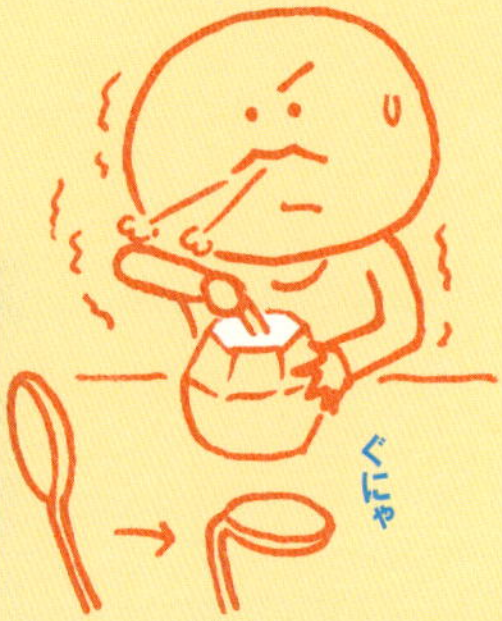

ぐにゃ

何かよい手立てはないものか……

で、

果肉ほじほじ用具～

絶対コレをほじる道具があるはず…と信じて探し、
かっぱ橋道具街的な店で、専用ピーラーを発見。

波形の刃が、Uの字に取り付けてある。

ほじほじ

よかったね
するする削れるぅ～

これ1本で、「食後のデザート」が出現。

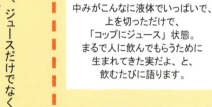

味、イロイロ

果肉が
かためだと、
ジュースに
コクがある？

ほどよく冷えてると、
味のバランスが
よく感じる。

熟し加減によるのか、
いろんな味がある。

ジュースは……
甘み、酸み、コクがあったり、
爽やかだったり。

果肉は……
濃い味、薄い味、瑞々しく
ゼリー状、コリコリかたいもの…

かための果肉が
甘くて濃くて
おいしい。

ジュースに酸みを
感じる時は、
果肉が
ゼリー状？

ココナッツ「味」集合～

生のココナッツを材料にできる強み？　日本ではお目にかかれないようなスイーツも。

タイでは、料理にも
ココナッツが多く
使われているよ

メレンゲと
カスタードクリーム、
そこに、ココナッツの
果肉を挟んだ、
ゼイタク　なパイ

なめらかで味の濃い、
ココナッツアイスクリーム。
トッピングは、果肉、
チョコソース、ナッツ

うっすら
ココナッツ味？…という
ちょっと駄菓子的な一品。
テーマパーク内で

素朴な
ココナッツアイスクリーム。
カリカリの甘いお米？
がトッピング

ココナッツの
果肉入りゼリー（寒天？）
あんこや黒蜜とも
合いそう

ラストココナッツ

ああ、自宅でも
生のココナッツを
たのしめたらなあ……
と思っていたら、
空港で、
こんなものを発見。

ココナッツに、直接
「プルトップ」が付いてる。

えぇ、なにこれ、
ホンモノの
ココナッツなの？
プ、
プルトップ…

……そして帰国後、
自宅で堪能しました。

まずは冷やして、
ジュースをチュー♪

↑
プルトップは
無残に折れた…

「筋」の入ったところを
カッターで切ると……

ちょっとかためな、
きれいな果肉が現れた。

「ほじほじ」を
存分に たのしむ。

沢山 収穫できました～

ほどよいゼリー感、
コクと甘みのバランスがよくて、
大満足の、ラストココナッツ。

＊その後、近所のスーパーで、生ココナッツ発見（ベトナム産 480 円）。日本でも買えた♡　ただ、まわりの繊維部分が付いたままで、もちろん「筋」も入ってない。ノコギリで、20 分奮闘……。たとえプルトップが壊れても、この商品のありがたみを感じました。

食 たのしいコンビニフード

日本並みにコンビニが多いので、旅行者はホントに助かる。……のはもちろんだけど、日本のコンビニとの**商品の違い**をチェックするというたのしみも。

価格は日本の7〜8割くらいかな

ELEVEN

看板にヤモリ。やっぱり、ここはタイだ。

FamilyMart

このまばゆい灯りに、ここは日本か？ と思ってしまう。旅情は乏しいかもしれないが、便利と安心感は、この上ない。

タロイモ＆パンダン

この「2色」が、コンビニを占拠！

薄紫のタロイモ味。やさしい味のあんこ。

黄緑色が鮮やかな、パンダン味も目立つ。

パンダンはこんな木↓

タコ足→

↑パイナップルに似た実。

実ではなく、葉を使うので緑色。

Taro Sticks

スナック、パン、パイ……商品開発、頑張ってる。

パッケージどおりのたっぷりクリーム。

味はカスタードクリーム。

タイらしいお菓子

ココならではの、あれこれ。

黒豆入りタピオカミルクのデザート。

FamilyMart collection

バナナチップに、タマリンドのジャムを挟んだお菓子。

ChaCha

やめられない とまらない、種類豊富な、ヒマワリの種。

さらに現地色が強いお菓子。

干しバナナ。なぜか醤油味。

お惣菜系

お惣菜の種類も、年々増えてる気がする。

味濃いめのお肉系は、お酒のつまみにも

CP

最大の利点？

タイのコンビニの最大のありがたさは、町歩き中の「オアシス」であるということかもしれない。

オアシス
避暑地
駆け込み寺～
涼しい…
リセットされるぅ～
水、水～
アイス、アイス～
（ただし、トイレはない）

食

くだもの天国

そのままも、加工したものも…
種類が豊富、くだもの天国。

なぜか ほぼ黄色系だ

カットマンゴー。コクと酸みが、散歩中の栄養補給にちょうどよい♡

味はアタリハズレがあるが、みためで判断できない。
(ちなみにこれは、色が一番きれいだったが、味は妙に薄味)

現地の人はわかるのかな

青いマンゴー

なんでも手に入る日本でも、たぶん、食べる機会のないもの。それは、熟してないマンゴー。

ポリポリポリ、青い味。そして最後にほのかにマンゴーが香る。唐辛子入りの砂糖を付けて食べるのが、タイ流。

バナナ七変化

焼いたり揚げたり、干したり和えたり…バナナの種類によって合う調理法があるんだろうな。

ココナッツミルクで和えたまろやかなデザート。

炭火であぶった、甘～い焼きバナナ。

クセがあっても

ハワイ、台湾に続き、ここでも出会えた仙桃。クリーミーで甘いビワのような味わい。

小さいパイナップル、こんなむき方。

ガックフルーツという、中まで色鮮やかなくだもの。ジュースでいただく。リコピンの量がハンパないらしい。

みためより薄味、爽やかな野菜ジュースといった味。

すごい色

←→この2つは、みただけ。

ほおずき？フツーに食べるんだ～

もちろん理由はニオイ

ドリアンの切り売り。ホテルに持ち帰ってはいけません。

買ってきたくだものを、夜、宿で食べる。今日も1日お疲れさま、という時間。

ムカゴと落花生

くだものではないけど、こんな自然の恵みもたのしみました。

どちらも、丸ごとゆでてある。↓→

ツライ

旅人はツライよ・なんでなの

世界有数の観光立国なのに、
どうして？ と思うこと。

情報がない？

旅行案内所がない？
そして、
町の地図やパンフの類も、
とっても少ない。
駅にも、宿にも。

旅行案内所、どこにあったのぉ？

もう少し説明を…

たとえば、
古い民家が博物館になっている施設*に、
年代の違うアイロンが
4～5台並べられていた。
こんなに丁寧に並べているなら、
せめて年式も表示して…気になります。

＊33頁のバーン・サオ・ナック。

詳しい説明がなくてもいい。
「1920's」とか
書いてくれるだけでも
たのしめるのになあ……

ここに住んでいた家族の写真だと思うのだが、何も説明がない。この服装って、何年くらい前のもの？ あぁ、知りたい……

あまりに情報がなさすぎて、思いがはせられない…

英語が…通じない？

たとえば、
遺跡のチケット売り場のような
ザ・観光地で、
簡単な英語も通じないことが。
これだけ外国人観光客が
多いのに不思議だ……

ま、日本もそうだけどね

中国語の説明看板は多かったなー

修復が雑…？

往年の技法を
踏襲しない修復って、
意味あるのかな
と思う。
コンクリでかためたり、
釘を打っちゃったり……
作業効率より、
技術の継承が
大事なのでは？？

ペンキの塗り方。

コレお寺だよ!?

なぜアレがない…

単純に不思議なんですが。
これだけ暑い国で、
「かき氷」を
あまり見かけなかった。
アイスも、
氷っぽいのが少ないし、
凍らせたペットボトルも
見かけないし……
絶対、外国人に
売れると思うんだけどなー

だけどさ、かき氷あったとしても、「氷」が怖くて食べられなくない？

……あ、たしかに

なのに 私たちはタイに惹かれる

甘いとか 辛いとか、
イヌが トイレが ゴミが…
デコボコ… ザラザラ…
○○がない………
言いたい放題 並べてしまいました。

これ以外にも、
トゥクトゥクは、なんであんなに
ボるのかとか、
タイ語読めないよとか、 ←これは自分の勉強不足
暑すぎだよとか…… ←これはどうしようもない

これほどの観光立国なのに、
なぜこれらが未だに改善されないん
だろうと、不思議に思って……

それでも、不動の人気のタイ。
これらの困り話を指摘する声すら
聞かない。

私たちも、さんざん言いながら、
「だからもう行きたくない」、とは
ならない。……全然、ならない。

……なぜだろう？

日本は今、「おもてなし」と言って、
観光客に不便と思われるところを
直さなくちゃと、躍起になっている。

各国語のメニューを作らなくちゃ！
英語を話せるように ならなくちゃ！
標識を作り替えなくちゃ！

でも……日本を訪れる方々は、
そんなに便利を求めているのかな？
自分の国と勝手が違うことを
たのしんでいるんじゃないのかな？
不便だからこそ面白いことも
あるんじゃないのかな。

メニューが読めないことで
推測してたのしんだり、
お店の人と話すきっかけになったり。

旅に求めることって、
名所をみることより、
じつは そういうことだと思うから、
その時は不便と感じても、
もしそれがなくなったら、
何が残るのかなと思う。

おもてなしも、やりすぎると
「媚び」になってしまう気がする。

実際海外で、
日本語が通じる店に行くと、
最初は便利だと思うけど、そのうち
物足りなくなってしまったりする……

旅先で
流暢な日本語で話しかけられるより、
不愛想なおじさんが言った
「アリガト」の ひと言が うれしい……

外国人観光客は、
そんなふうに あまのじゃく。
だけど、
その国が その国らしくあるかどうかに
は、敏感でもあると思う。

タイの魅力は
「動じない」ことにあるのかもしれない。

「みんな私たちの国がすきなのね」
くらいに思って、淡々としてる。
やってくる人に合わせて 自分たちを
変えるなんてことはしない。

そんなタイに、
私たちは魅力を感じる。

こっちに合わせてくれなくていい。
堂々と そのまんまで いてくれるのがいい。

だから、旅人は、
ブーブー文句言いながら、
でも変わらないでほしいと、
矛盾したキモチで
この国を たのしんでいる。

乗り物

ソンテウとトゥクトゥク

日本にもあったらいいのに…と思う、ソンテウとトゥクトゥク。
でも、どの町にも同じようにあるというわけではなく、
形が違ったり、システムが違ったり、全然走ってなかったり……
どの**乗り物**が幅を利かせてるかで、**町に個性**が生まれている。

便利……なのか？ ソンテウ

バスやタクシーが ほとんど走っていないチェンマイでは、
この乗り合いバスが、メインの乗り物だ。

黒くなくてよかったという形。（日本人的に）

行き先を言って
運転手が OK してくれたら、
後ろから乗り込むシステム。

「中」は、こんなかんじになってます。

ちゃんとブザーもある。

サイドの窓は、低い位置にあるため、
ほとんど景色が みえなくて残念。

後ろは、こんなに開いてる。眺めはいいが、気をつけないと転げ落ちる。

今回のソンテウ

以前は、15 ～ 20 バーツと、アバウトなかんじだったのに、
今回、車体に「最低運賃 30 バーツ*」と書いてあった。
これだと、2人で 200 円以上になる。
これまでみたいに「疲れたからちょっとだけ乗っちゃお」って
使い方がしにくくなり、なんだか急に 遠い存在になってしまった……

*全体的なことかどうかは、解明には至らず…

割高なトゥクトゥクも、ちょい乗りしたい時に値切ったら、80バーツになった

そうなると、ソンテウとあまり変わらないね

町別、乗り物事情

チェンマイ

ソンテウとトゥクトゥクが、観光客の足。一方通行が多いので、拾う時には、ルートを想定して、その向きの車を呼び止めるのがコツ。

ウボン

観光都市では ないからか、トゥクトゥクを見かけなかった。地元の市場には、自転車タクシーがいて買い物客御用達としてまだ需要はありそう。

スリン

駅に着いたら、ボりそうなトゥクトゥクしかいなくてショック……。ほかの手段がないから強気だし。駅から遠い宿だったので、毎回トゥクトゥクでの移動に、500円近くかかった。

アユタヤ

独特の形をしたトゥクトゥクが走りまわっている。儲かっているからか、改造にお金をかけている模様。

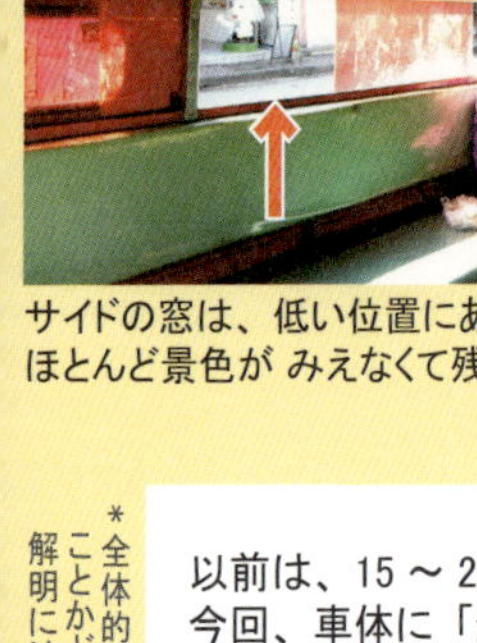

ここのトゥクトゥク、座席のスタイルはソンテウと同じだ

大勢乗れるようになってるんだね

大好きで大嫌いなトゥクトゥク

トゥクトゥクの運転手は強気な人が多い。
彼ら相手に値段交渉をするのは憂鬱だ。
でも、風を感じる乗り心地は やはり魅力。
タイに来てるなぁと実感する時間でもある。

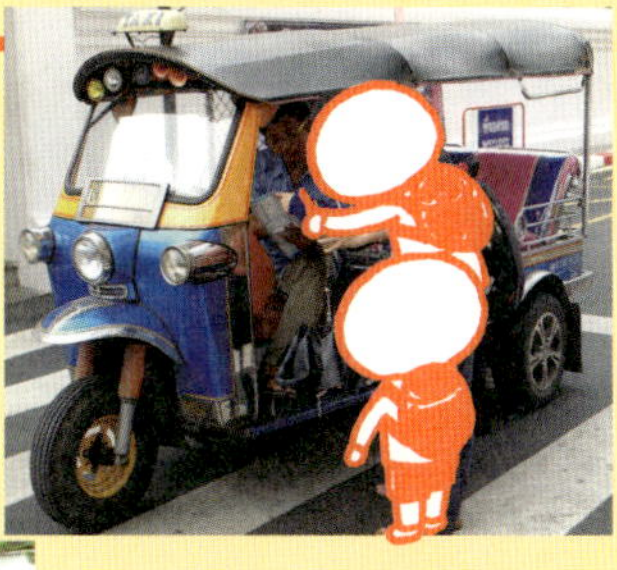

希望の値段を言うと、「はぁ?」って顔をされるが、それはたぶん演技なので、めげずに交渉する。成立した時の達成感と安堵感は、いつのまにか、やみつきになっている。

いつも、「重くて申し訳ないなー」と思ってたけど……6人乗っても平気だったのか。

車窓と風

運転手と同じ目線で外を眺められる。昼も夜も、それぞれ違った「風」を感じられてたのしい。

時々バックミラー越しに運転手と目が合う。

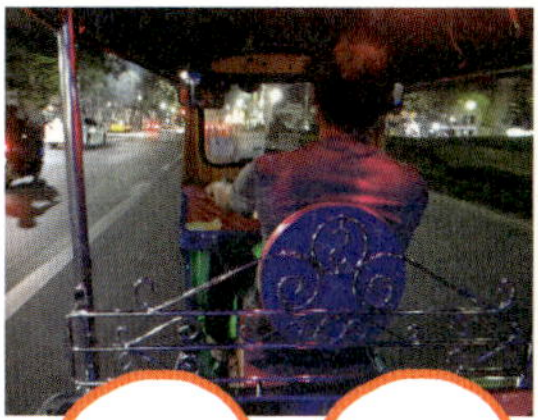

バックミラーに映る運転手の表情で、次に何を言い出すか推測。

頑張れ人力車

たまーに見かけた、自転車タクシー。

運転手は皆、年配の方。乗ってみたいが、2人で乗るのは罪だろうな…

アユタヤのトゥクトゥク

色や形を競い合うような、アユタヤのトゥクトゥク。

ピンク&赤の、ハデハデ。

形は、昔の「オート三輪」に似てる?

玉虫色に光るボディ。

かと思えば……

これはずいぶん年季入ってるなー

→

ハーイ

あ、地元の人専用なんだね

それにしてもぎゅうぎゅう

バンコク

←は、書ききれないので、110頁~をみてね。

クラビタウンで見かけた、派手な乗り物。側面に「トゥクトゥク タクシー サービス」と書いてある。これもトゥクトゥク?…うーん、定義が わからなくなりました…

この形も、トゥクトゥクっていうんだね。バイクのサイドに前から乗るスタイル。

クラビ

クラビタウンとアオナンを結ぶソンテウが、安くて便利。アオナンの繁華街を走るトゥクトゥクは、ラムパーンで出会ったあの乗り物(34頁)とそっくりだった。←

午後6時を過ぎると、あんなにいたトゥクトゥクが、嘘のようにいなくなる。……儲かってるから、店じまいも早い?

おまたせ！バンコクへ

飛行機の乗り換えで、何度もニアミスしていた〈バンコク〉の順番が、やっと まわってきました。最後にしていた理由のひとつは、「お買い物」。今までの町では荷物になるのでガマンしてましたが、もう、爆発させて いーんです。飲んで食べて ぐるぐる歩いて力尽きても いーんです。

クラビ空港→ドンムアン空港は、約1時間半。
そこからバンコク中央駅まで、鉄道で約1時間。

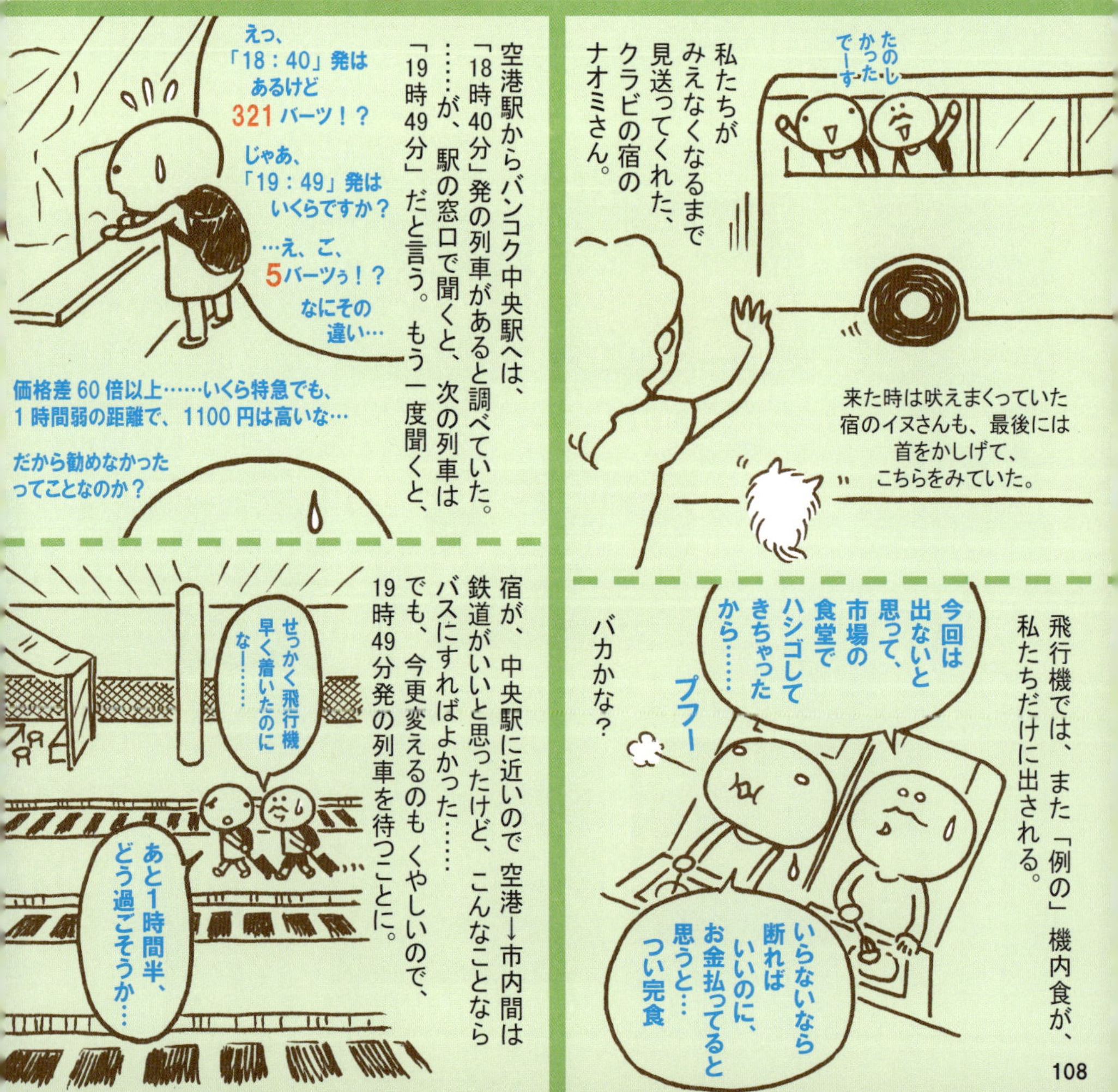

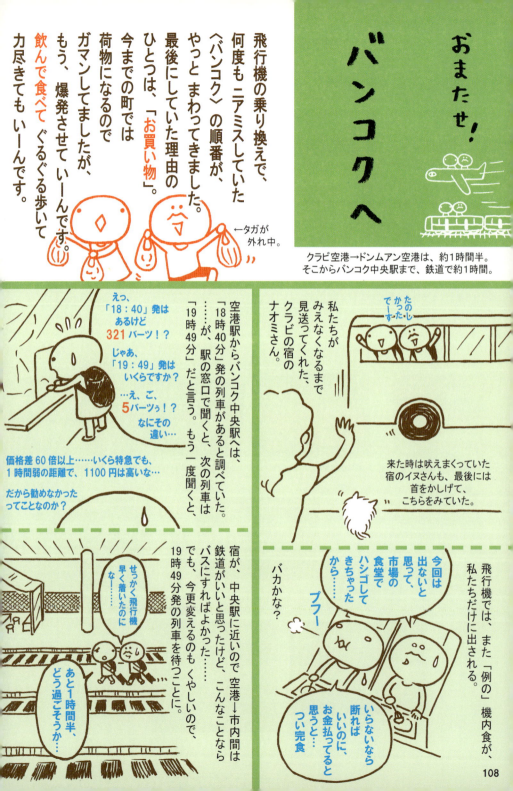

近くにあった、ガード下の屋台で時間をつぶす。
ズズー
長居して申し訳ないからお代多めに置いていこうね……
ちなみに…… あの、高かった18時40分発の列車を見送ったが、それは古びた車両だった。特急といってもバンコクまで20分しか違わないし…不思議な料金設定……
……列車が来ました。
「ホームの高さが、ほぼレールと同じ」なので、荷物を持ち上げるのはひと苦労。
はっ
フンッ
よっ
この時のために荷物を減らしているといっても、過言ではない。
空港を過ぎるとすぐに車窓は真っ暗になった。
時々、コンビニの灯りだけがこうこうと輝いている。
ほっとするような、残念なような。
列車を降りる時、先に降りた欧米人の女性がくるっと振り返り、私たちの荷物を受け取って降ろしてくれた。とても自然に……
えっ
くるっ
……見習いたい……
宿は、バンコク中央駅から、徒歩数分。思った以上に近かった。それも、宿の正面に、地下道へ通じるエレベーターがあり、中央駅だけでなく、地下鉄駅へも行ける。
近っ
雨が降っても大丈夫だねー
これから約1週間、ここが我が宿となる。
わくわくするけど……
妙に急勾配だし
なんで3階なのにエレベーターないの?
1週間ずっとこれ?
ハヒー
ハヒー

バンコクぐるぐる

バンコクは広いので、日々「移動」は
欠かせない。その手段も、選び放題だ。
今日1日が 充実するか、
効率悪くて疲れちゃうか……も、
この移動のチョイスで
決まるといっても、大げさじゃない。

出発前の、大切な
「ルート決めタイム」

ワット・アルン どうやって行こうか
王宮のとこまで 船で行って、そこから渡る？
近くの船着き場から 渡し船に乗るという 手もあるな…
そうすると ついでに この店にも 行けるよね。そこからタクシー ってのはどうかな…

1日に いくつもの観光地をまわる時は、
「効率」を重視。

① トゥクトゥク

乗り物としては たのしくてすきだけど、バンコクの
これは、怖くて乗りにくい。必ずふっかけてくるし、
かといって、値下げ交渉すると怒られそうだし……

まれにいい人

市場で客待ちをしていた
お兄さんに、3km くらい先
の目的地を告げたら……

100 バーツ
おっ♡ そんなとこ じゃない？

これでも高めなのかもしれない
けど、法外な値段を言わない
だけで、いい人に感じてしまう
ようになってきます。

↑中華街の客待ちトゥクトゥク。
これは ふっかけてきそうだな……

雑な運転手

カオサンでは、夜、宿に戻る観光客
向けに、「車を手配するシステム」が
出来上がっていた。なので、
その元締め(?)に 宿の名刺をみせると…

お前 このホテル わかるか？
オッケー、150 バーツだ

ちょっと高いが、仕方ない。

しかしコイツ、運転が超荒い。
数をこなしたいのか、カーブでもスピード
を緩めず、振り落とされそうになる。

挙句、宿の相当手前（500m くらい）で
降ろされる。文句を言うと、「ホテルの
場所がわからない。スマホを使えば
自分で行けるだろ」と言う。

「じゃあ あなたが、スマホをみて連れてっ
てよ。自分は わかんなくてもよくて、
私たちにはわかるでしょって なんだよ！」
……と日本語で言ってみたが、もちろん
伝わらず、とぼとぼ歩いて帰りました。
くやしい………

ザ・ボリボリ

目的地は
ほんの1km 先だったが、
疲れていたので、
通りかかったトゥクトゥクを
呼び止め、行き先を
告げると……

300 バーツ
えっ、それって 日本円で 千円以上だよ
いくらなんでも 高すぎる…

普通なら
「じゃぁ、いくらならいい？」
と話が続くのだが、
彼は全く譲る気がない。

……そうだよね、
値切ってくる客なんて
相手にしなくても、
ここバンコクには
いくらでも、いいお客さん
いるもんね……

②タクシー

今回の旅で、よさに気づいた
メータータクシー。
今まで、贅沢な気がして
敬遠していたけど、
2人なら、鉄道や地下鉄より
安いこともあるんだなと。
そして、運転手さんも、
控えめで親切な方が多く、
端数分だけのチップでも、
ニコニコして受け取ってくれる。

「行き先が観光地だと、100%メーターを使ってくれない」と聞いたこともあるが、私たちの印象だと、「行き先」より、「拾う場所」がポイントだったような。たとえば、地元客が多い市場付近で拾ったタクシーは、有名観光地ワット・アルンへ、メーターで行ってくれた。

そうそう
あっち

降ろしたあとも、私たちが正しい方向に進んでいくか、しばらく見守っててくれたり。

しかし……同じ商売をしているトゥクトゥクが、「言い値」言い放題で目の前で大儲けしてるのは、いい気分しないだろうにな……と、ちょっと気の毒に思ってしまう。

いろんな乗り物があるとしても、「定額」と「言い値」が同時にあるなんて不公平だよね…しかもタクシーのほうが維持費が かかってそうだし……

気をつけるところ ほめてばかりですが、悪（ワル）タクシーもいるので、自己防衛は大事です！

Ⓐ なるべく評判のよいタクシー会社を選ぶ。

会社は、車体の色で判別できる。何色が親切…とか、いろいろあるみたい。

あ、ピンクが来たよ

これでいっかー

（ほんとは水色の会社がすき）

車内に「距離と料金」の一覧表があることも。

前のシートの背もたれにある。

これがあるだけで、いいタクシーな気がする

Ⓑ メーターを使ってくれるか確認する。そうしないと降りる時に法外な金額を請求されることも。

目の前に止まったタクシーに行き先を告げると、「100バーツだ」と言う。「メーターは？」と聞くと、ムッとした顔で走り去った…

止まってまず「窓ガラス」を下ろす奴はダメかも

言い値交渉する気満々ってことだから

少なくとも TAXI-METERと書いてある車体を選ぶ。

でも、メーターが早くまわる細工をしてる奴もいるというウワサも……

そんなの、どーやって対処したらいいのか

Ⓒ 観光地や繁華街で「客待ち」しているタクシーは要注意。できればそこから少し歩いて「流し」を拾いたい。

夜、観光地「アジアティーク」から帰る時、タクシーを拾おうと大通りに立っていると、話しかけてきた男……

中央駅まで行くのかい？
それなら 250バーツくらいが相場かな
もうこの時間は、メーターを使ってるタクシーはいないよ

一見親切に教えてくれたふうだが、よくみると、手に車のキー？ オマエ、タクシー運転手だな？

そいつを無視して、100mくらい移動し、流しのタクシーを拾った。

……60バーツ以下で帰れたぞ。

でも実際、夜は「流し」が少なくて、拾えるまで時間が かかったから、ムリはしないことだね

Ⓓ 遠まわりをされないように、乗っているあいだずっと、地図と にらめっこしよう。

みてるフリだけでも、「この客は だませないな」と思わせる効果あり。

こっちが無防備すぎることで、普通の人がズルい人に変貌することもあると思うの

Ⓔ 必ず小銭を用意する。

着いたら、サッと渡してスムーズに降りられるように。

たとえば、54バーツだったら、60バーツを渡して降りる。

20バーツ札 3枚ね

もし100バーツ札しかなかったら……お釣りをもらって、そこからチップ分をいくら渡して……の計算を短時間でやらないといけない。そんな複雑なこと、素早くできないし。

③BTSとMRT
高架鉄道　地下鉄

公共の乗り物なので、交渉も不要、
ボられる心配もないし、安全で便利。
でも、それを言ってもつまらないので、
ここではあえて、
デメリット部分を書いてみます〜

いち旅行者の感想です…

①ちょい高め？
ＢＴＳとＭＲＴを乗り継ぐと、余計にそう感じる。
（さらに、タクシーやトゥクトゥクと違い、人数分 必要なので）

②切符購入が面倒
窓口でしか切符を買えない駅があり、
数駅乗るために、長い列に並んだことも。

着いた時に帰りの切符を買っておくといいね

③大混雑することも
ホームに人があふれていて、何本か
やりすごさなくては いけないことも。

日本より混んでる!?

④鉄道と地下鉄の駅が離れている
路線図でみるとラクそうだけど、実際、
鉄道駅と地下鉄駅は離れていて、結構歩く。
さらに地下と高架なので上下にも歩く……

1〜2駅しか乗らないなら、普通に歩いて行ったほうが「歩数」が少ないかも

⑤車内が寒すぎ
とくに地下鉄は、凍りそうに
寒かった…なぜそこまで……

ブルブル
……以上、こんな側面もあるので、毎回、タクシーとどっちにしようか比較してました。ご参考までに…

BTS のサラデーン駅。さあ、乗りましょう。

MRT 始発のフアラムポーン駅。

ラスベガスかな

地下鉄で、35 バーツの切符を買おうと、
券売機に 100 バーツ札を入れたら、
お釣りが、1バーツ玉で 65 枚出てきた。

ジャラン
ジャラン

えっ えっ えっ
うそでしょ！
うそでしょ！

スロットマシーンのような図に。

それも、
日本の1円玉と違って
重いこと重いこと。

ずっしり
財布に入らないよ〜
→ジッパー袋。

* BTS と MRT 共通で使える IC カードが発売され、
今後は、もうちょっと便利になるかなと思います。

④定期船

チャオプラヤー川を行き交う、
バンコクらしさを感じる乗り物。
急行やら特急やら いろいろあって、
降りたいところに停まらなかったりして、
乗りこなすのは、意外とムズカシイ。

これは渡し船。向こう岸に渡るだけ。

いつも混んでる。一度も座れなかった。

船着き場までの通路は、
独特な道。
狭いトンネルのようになっていて、
足元は、不安定な板張り。
両脇に土産物屋が並んでいる。
日差しが強い中を歩いてきて
この薄暗い空間に入ると、
涼しくて、
怪しげで、
タイっぽくて……
なんだか
わくわくしちゃう。

土産物屋は、7時前には閉まってしまった。
この寂しい雰囲気もすき。

⑤路線バス

万国共通、バスは、安くて便利な乗り物。
でもこれも、乗りこなすのは大変だ。

なので、今回唯一乗ったバスは、
王様の火葬殿に行く、無料バスでした。

その無料バスがどこから出ているかわからず、
ダメ元で、トゥクトゥクの客引きをしている
おじさんに聞いてみる。

ココに行くバス
おお、それならあっちから出てるぞ、よし、ついてこい
↑火葬殿の画像。
フリーの

「そんなバスはない。
トゥクトゥクでしか
行けない」とでも
言われるのがオチ
かと思ったら、
とても親切に
教えてくれて感動。

王様への敬愛がゆえ
なんだろうな。

いすゞ、日野、三菱……。古い日本製のバスも。

番外・自分の足

「観光地」をまわるより、
「町」そのものをみるのが
すきなので、
ほんとは全部、
自分の足で歩いてまわりたい。
乗り物を使うと、
どうしても
「点」の旅になってしまう。
「線」の、いや
「面」の旅が理想。

調子に乗って歩きすぎた。
ここどこ……
真っ暗でちょっと怖い
トゥクトゥク通らないかな……

広いバンコク、
いろんな乗り物に
助けられながら、
ぐるぐる。

乗り物

公共の乗り物 VS タクシー

なんとなく、
公共の乗り物のほうが
安くて便利……
と思い込んでいるけど、
状況によっては、
そうでもないよ、
っていうお話。

宿から、ショッピングエリアまで、
メータータクシーで、55バーツ。

早っ
たったの
13分で
着いちゃった
で、安い！
チップ5バーツだけなのに
すごくかんじがいいし
タクシー最高！

バンコクのタクシーのコスパに感動。

その近辺のお店をぶらぶらし、最後に大型スーパーで
大量にお土産を購入。重いので、一旦宿に戻ることにする。
もちろんタクシーで。
すると……

メーター
使って
くれないの？
えー
100
バーツ

繁華街から乗る時には、「言い値制」になることを知る……

くやしいので、タクシーはやめ、BTS（高架鉄道）に乗ることにし、チットロム駅まで歩く。（約10分）

地味に
駅まで
遠い…
とぼ
とぼ…

（宿に戻ると時間がかかりそうなので、予定変更、
荷物を持ったまま、次の目的地（鉄道市場）まで行くことにした）

3駅乗って、アソーク駅へ到着。
そこからMRT（地下鉄）に
乗り換えなければならないのだが、
駅がつながっていないので、
一旦外に出て、歩く。（約5分）

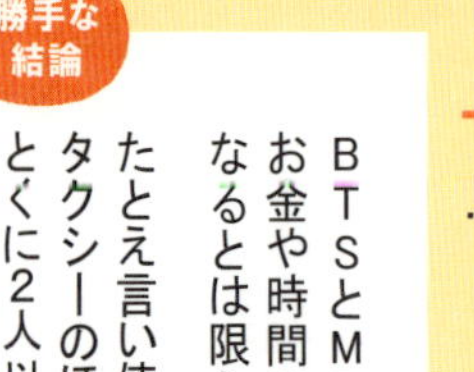
とぼ
とぼ…

MRTのスクンビット駅に着くと、
切符を買う大行列が！

100人くらい
並んでた。
たった3駅
地下鉄に乗るのに
なにこの非効率…
連休前の
みどりの窓口か

ホームに下りると、さらに人の波。なんと満員で乗れず、
2本やり過ごし、3本めに、やっと乗り込む……

……結局、

かかった時間は　1時間以上、

金額は、2人で94バーツ。

しかも、疲れは、
　数倍でした………

じゃあ、
タクシーが言ってた
100バーツって、
妥当だったんだね…
こんな時に
限って
この
大荷物…

勝手な結論

BTSとMRTも便利だが、
お金や時間の節約に
なるとは限らない。
たとえ言い値制でも
タクシーのほうが安いことも。
とくに2人以上の場合は。

でも、道路が渋滞すること
もあるし……ムズカシイね

鉄道市場

毎晩やってるナイトマーケット。外国人観光客は少なめで、地元の若者がたのしんでいるのがいい。2晩通った。

屋台コーナー

ほかには ないようなアイデアメニューも多く、いろいろ食べてみたくなる。

テーブル席多し。みんな、値が張りそうなシーフードを食べていた。

バナナの葉で包んである。

ひと口タイプのマンゴーライス。これはよいアイデア！

桑の実のジュース。ほかにもいろんな生ジュースが、ペットボトルに入って売られていた。

唐突に、五色のもち米。

バナナの輪切りの串焼き？原価安そう。

雑貨コーナー

若手作家が店を出したりと、面白そうな雰囲気。ただ、ものすごく広いので、食べもの屋台を歩きまわったあとには、気力と体力がなく…

今日は もうムリ

明日の夜、もーいっかい来よ

と、翌日に誓って、今日をあきらめる。

BARコーナー

翌晩、お酒が飲めないが珍しく行きたがったBARエリアへ。

2階席で、ぬるめの風を感じながら眼下の喧騒を眺める。

タイの若者がこんなに飲んでるのはじめて みたね

フルーティーなカクテル。お酒を入れないで作ってくれるって言ったのに、めっちゃ入ってた。

ねぇ…あたし赤くない？

あっヤバイ

結局2日めも、雑貨コーナー断念。

いいね！再利用

テーブルやイスを「廃材から作る」、というテーマがあるのかな？どの店も、創意工夫にあふれてる。

車がテーブル。または、お店そのもの。

年季の入ったテーブル。

階段などに使う素材？

扉……だよね？

水道管かなあ？

自分の家にも取り入れたい。

土産物屋、マーケット、夜店

さてさてそろそろ、お買い物、行ってみよ～

巨大マーケット攻略法？

あまりにお店が多いので、まわる前から疲れちゃう……
でもある時、「漠然とみてまわる」より、逆に、
「探すものを決める」ほうが、
疲れないし、たのしいことに気づいた。
たとえば……………←

一見、買わなくちゃいけないものがあるとくたびれる気がするけど……

目的があったほうがゲームみたいで探すのがたのしくなる

「のんびりぷらぷら」って、巨大マーケットではムリなのかも。「まだこれだけしかまわれてない！」って、だんだん焦りが勝ってきて……

チャトゥチャック市場。

①「コレクション的に」探す

50円～100円程度で買える、タイらしいお土産、ヤードンとパウダー。ほどよく種類があり、また、店によってラインナップが違うので、宝探しのように買い物をたのしめる。

あ、これは!?

お、はじめてのやつだ！

新種の生物を探すようなわくわく感

そんなに？

これがヤードン。英語名 インヘラー。別名 鼻スースー。

パウダーも、ファンデーションタイプ、紫外線防止タイプ、スースーするタイプ…と、いろいろ。

出会った店員　道先案内人

迷路のようなマーケットにて。

最終日の買い物。探し物が見つからず、時間もなく、二手に分かれることに。ぐるぐるぐる……同時に動いているので、相手が近くにいてもすれ違ってしまう。何回か同じ店の前を通っていると、そのうちそのお店のおじさんが……

ユアフレンド あっち
あ どーも
ユアフレンド そっち
あ どーも

……ありがとうございます。

こんなマーケットで

チャトゥチャック市場

土日開催のマーケット。地元民と観光客、半々くらい？特大で、半屋外なので、相当覚悟して かからないと。

何百、いや何千軒？ ぎっしりと店が並ぶ。
日差しをよけながら、汗だくで買い物。

アジアティーク ザ リバーフロント

テーマパークとショッピングモールの、中間のような施設。ここも、すごい店舗数。

ザ・土産が多くて掘出し物は少ないかな

でも涼しいのがいいね

②「きっとあるはず」を探す

「こういうものが欲しい」「どこかにあるはず」……と思って探す。見つけた時は、この上ないヨロコビ。

たとえば「ココナッツの実をほじる（削る）道具」。→100頁

きっと専用の器具があるはずと、調理器具の店で聞いてみる。

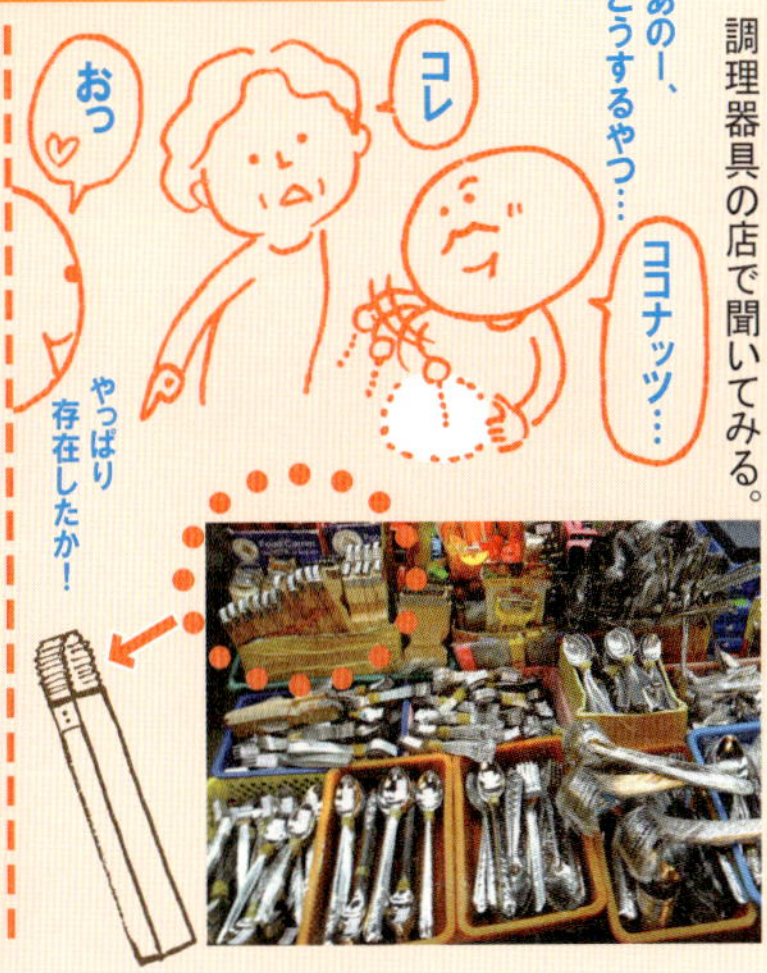

あのー、こうするやつ…
コレ
ココナッツ…
おっ♡
やっぱり存在したか!

「くだもの型の石鹸」。定番はマンゴーだが、店によって、ココナッツ、マンゴスチン、パパイヤ、スイカ……と、いろいろある。

ならば、「メロン」もあるはず！

メロン好きの友人のお土産にしようと、探しまわる。

……そしてついに、ある店で発見。

あったー♡
でももっとリアルなつくりのないかなー
ほかもみてみよー

——しかしそれ以降、メロンに出会うことはなかった。

買っちゃうと、あとからもっといいもの、もっと安いもの、が出てきて…
ほかにもあると思ってやめとくと……2度と出会えない……
買い物あるある……

③「リクエストされたもの」を探す

「頼まれもの」は、負担やプレッシャーになりがちだが、「お題」によっては、たのしいゲームになる。

たとえば、

もし「短い」線香があったら買ってきて

……と、変わったリクエストをされて。

割とあちこちで見かけたが、値段がまちまち。お香立てやろうそくとセットになっているものなど、種類もいろいろ。

それを、旅のあいだあちこちでチェックし、目が肥えてきた旅の最後に購入～

ゲット！

前に買ってきてくれたハスの実の甘納豆、おいしかったな

それは以前、ベトナムで買ったもの。

でも、タイにもあるかも…とお菓子屋や乾物屋を見つけては、チェックしてみた。

……結果、見つからず。

（節分の豆みたいに、乾燥させたものはあった）

違う…

ないのは残念だったけど、探してまわるのは面白かった。

やる気ゼロガール

天然石卸の店にて。

ダルそうな顔で、ずっとスマホをいじっている、女性店員。「声かけるな」オーラがハンパない。

……。

それでも、石の名前が知りたくて声をかけると…

ため息とともにゆっくりと顔を上げ、石を数秒見つめて言った。

……ノーネーム
（その石に名前はない）
んなわけないだろ

若いし、かわいい顔なのに、表情でここまでブサイクになれる例を、はじめてみた。

サムペン レーン

狭い通りに卸売りの店が並ぶ。地元の客で大賑わい。天然石やアクセサリーの材料を探しに。

パーフラット市場

布屋街。テーラーや舞台衣装の店などもあり、布関係はなんでも。

ジャム ファクトリー

カフェ、ギャラリー、雑貨屋などの、文化的複合施設。オシャレでお高めの輸入雑貨が多い。

MBK・ビッグC

庶民的デパートと大型スーパー。ヤードン、パウダーなどのドラッグ系や、お菓子などを購入。

買ったものは次の頁に

土産

買ったもの、見つけたもの

＊B1（1バーツ）≒3.5円くらいです。

一般的には、あまり参考にならないラインナップですが、こんなもの買いました。

ビミョーに違う色合いで悩む～

民族調の布を使ったカバン。あまり出会えなかったので、見つけたら即買い。値切れば100バーツにも。

タイの定番

くだもの型の石鹸。お店によって、精巧なのと、そうでもないのがあり、見比べるのが たのしい。

どれが本物っぽい？

B25-80（店によっていろいろ）

今までスルーしてたアイテムだけど、短いお香は使いやすいらしい。

ろうそくとお香立てがセット。

B100 ほど

パッケージが かわいいドライフルーツ。

各 B50 ほど

ココナッツの。

砂糖まぶしすぎのものと違って、自然な味でおいしい。

その布でショートパンツも。

B100

B35

パンダ柄の缶が欲しくて、つい買ってしまったチュッパチャップス。

ステッカーは、頼まれ土産。

B10-20

B200

B140

ご当地Tシャツも、渋めのものを探す。

妹ズへのピアス。木製。

値段忘れた…

今回の自分似

似てる？

B39

↑巾着とポーチ→

今回のヤモリ

駄菓子屋で見つけた、リアルなヤモリ。

よくある、ドッキリグッズのようなもの？キモかわいい。

各 B10

こちらは、ガラス細工の1点モノ。

B300

沢山買ったもの

ヤードン（鼻スースー）。自分用＆お土産用に大量に。

B18-55 ほど

新作のオレンジフレーバーは、意外にも不人気？

自分のお気に入りは、コレ。

パウダーも、配るのにちょうどよいアイテム。

前述のとおり、新しい種類を見つけるたびに買ってたら大変なことに……

B13-30 ほど

B30 前後

スースー成分が入っていて、つけ心地もとてもよかった。

カンカンに入ったタイプは、レトロかわいい

エナメルっぽい質のポーチ。

各 B10

カード入れタイプ↑と牛乳パック型→があった。

エスニック柄や象さん柄以外の「シンプル」なのが気に入って大量買い。

あげる人を思い浮かべながら色を選んでたら…

自宅で作ろう

自分へのお土産に、タイらしい調味料。自宅でどれだけ再現できるかな。

ガピ（エビのペースト）

値段忘れた…

すごく臭いけど、これ入れるとひと味違うんだよね。

コンソメ（ポーク・チキン）

各 B10

甘み＆うまみが、強すぎだった

ライム果汁の素（粉末）

B25

これは便利！ と、沢山買ったが、成分をみると、なんか人工的かも……

粉末状の、レモングラス・ライムの葉

B35　B49

おお、こんなのあるんだー と感動して。

ガパオの素　トムカーガイの素

B15-17 ほど

どれだけ再現できるか、たのしみに。

ココナッツパウダー

B13

カレーペースト

各 B19

日本でも買えるけど。とっても安いので、カバンに余裕がある時は、最後に沢山買って帰ります。

番外

買わなかったもの

履くと、魚を踏んづけたようになるサンダル。

履くかどうかはココロ次第

ソムタム作りや、ハーブをつぶすのに使う、すり鉢セット。欲しいー、でも……

重すぎて断念

買えなかったもの

折り畳めるランプシェード。

トマト型ランプ。

チェンマイのオーガニックコスメ。

どれも、最初の町チェンマイで見つけたもの。バンコクでも買えるだろう、と思っていたら、とうとう出会えなかった……

見つけた時に買わないとだね〜

ザ・観光！

もう一度訪ねたい、も
今回こそぜひ、も
どっちにも
忙しいバンコク。
旅のラストは いつも駆け足。

ワット・アルン

これまで、対岸から眺めるだけだったので、その真下まで訪れてみました。近づかないとわからない魅力が満載。

真下から見上げる

真下から見上げると、ウエディングケーキみたい。

階段があったので、上ってみます。

見下ろす・まわる

回廊になっていて、目の前のモザイクや遠くの風景をみながら一周。

階段を上がりきったところからの眺め。

間近でみる

修復されたばかりのモザイク。近くでみると、花柄模様。♡

このかわいさ、昔からなのかな。

陶器を割って貼ってある。

表情もなごみ系。

音をたのしむ

建物の先端に風鈴が付いていて、風の音が聞こえる。これもまた、近づいたからこその味わい……と、目を閉じて語りたいところだが、今日は無風で鳴らず。

上がるのはいいが、階段が急すぎて、下りるのがとっても怖い。

↑恒例のへっぴり腰。裸足で、手も使って下りる。
大丈夫？ゆっくりでいいからね〜
ぷはははは
あ〜おもろ
←サンダル。

ミサンガ

奥にあったお堂に入ると、お坊さんがいらした。

……手招きされる。

近づくと、聖水をかけ、白いミサンガを付けてくださいました。

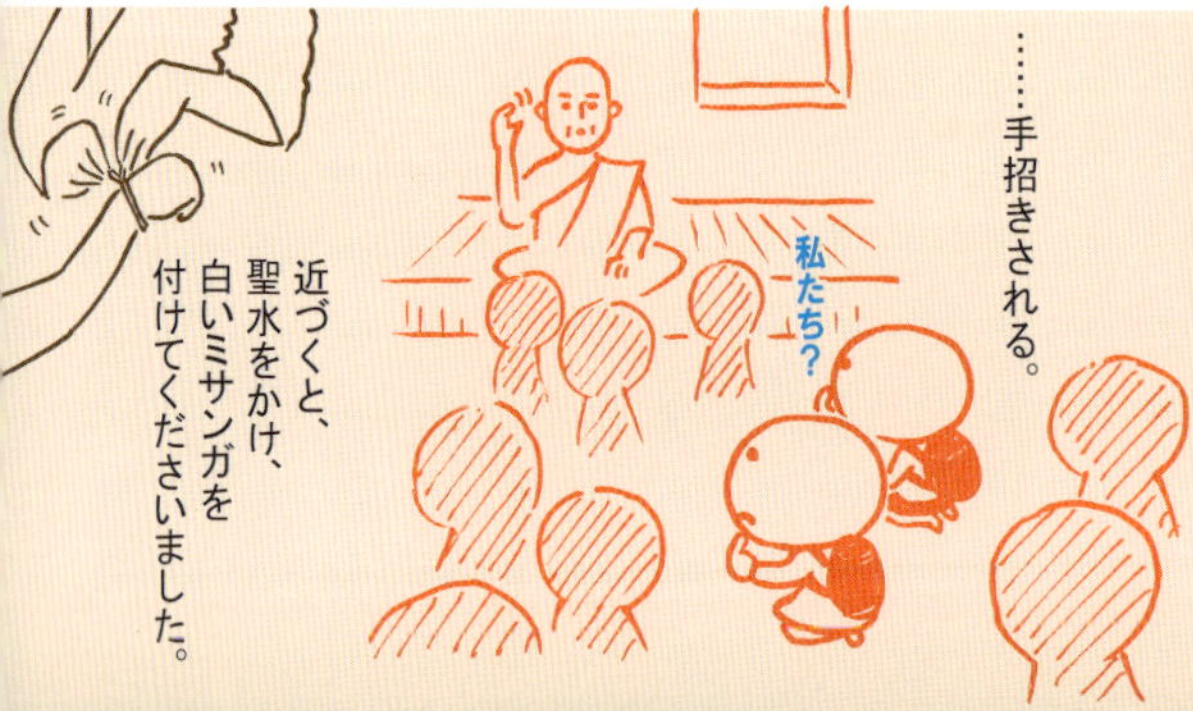
私たち？

ワット・プラケオ

こんな7分丈パンツがＮＧ。ほかの寺院では入れる服も、ここでは厳しい。

＊羽織るものを貸してくれます。（有料）

こんな人は通過してた。
素材？みため？

生足出てても。

靴下もはいてたけど。

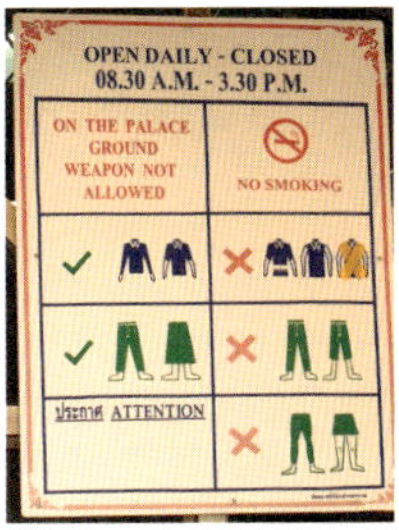

OPEN DAILY - CLOSED
08.30 A.M. - 3.30 P.M.
ON THE PALACE GROUND WEAPON NOT ALLOWED
NO SMOKING
ประกาศ ATTENTION

基準は、肌の露出だけではないみたい。

ワット・ポー

時間がなかったので、外側からお姿拝見……

ちら
ご無礼お許しください

ニューハーフショー

はじめての観劇。言葉がわからなくてもたのしめるショー。

当日券だったのに、かぶりつきの席でみられた。

衣装のホコロビやシミまでみえちゃう

どういうタイプの人たち？

世界各国をモチーフにした出し物もあり、「日本」は、なんとなく馬鹿にされてる気がしたんだけど、気のせい？ ←

必要以上にコミカル。

旅のあいだ、「タイって、思ったより さっぱりした顔の人が多いよね。名倉さんみたいに濃い顔の人って、いないよね～」……って思ってたら、やっと、ここにいらっしゃいました。

カオサン通り

昼間にしか行ったことがなかったので、「静かな町だな」なんて思ってたが……

しかし大間違い、夜の大騒ぎぶり。９割方観光客だけど（それも欧米からの）、そんなに危険な雰囲気もなく、ここを夜市的に過ごすのも、悪くないなと思える。

「バックパッカーの聖地」では、なくなったようだ……

リゾート地みたい

カオサン通りだけでなく、周辺の通りも魅力的。

物価もちょっと安いし

繁盛の理由

たまたま入った食堂で、店長の「客さばき」に見とれる。

一見、お調子者のようだが、じつはちゃんと、お客のようすをみて、話しかけたほうがよいか判断している。私たちと日本語でおしゃべりしたあと、隣の、エビを食べ終わった男性客に、英語で声をかけた。

このエビの頭もおいしく食べられますよ、やってみましょうか？手で触っちゃいますけどいいですか？大丈夫ですか？

１人で来ていた若い欧米人男性。

相手の反応を探り、押し付けにならないよう気をつけながら……という配慮を感じた。その後、騒がしい団体客には、ざっくばらんキャラで対応。（それも瞬時に、お客さんの国言葉に切り替えて）この頭のよさと心遣いと努力に、感動しつつも完敗したような気分。

カオサンの隣の、ラムブトリ通りのお店。

Magic THAI FOOD

ちょっと遠足

どこかひとつ、バンコクから日帰り遠足をしたいと思い立つ。カンチャナブリーへ行く観光列車はあいにく満席だったため、水上マーケットに行くことに。

タリンチャン

一番行きやすい水上マーケット。（ほかは、早朝や夜がメインで、ツアーを使わないと難しかった）思った以上に近く、宿からタクシーで25分、120バーツ。（路線バスもあり）

←かっこいい鉄橋は日本製。
02-887-8321-3

このボートに乗ります。

ボート安っ

・時代遅れなかんじがいい。
・その割、にぎわってる。
・入り口前に、地元民向けの市場。珍しいものが多い。

アユタヤの水上マーケットとの違い

・アユタヤは新しめのテーマパーク。こっちは、ひと昔前な印象。
・アユタヤは入場料＆ボート代が超高い。こっちは入場無料、ボート激安。69B
・アユタヤは完全につくり物。こっちは、ボートで行く両岸にほんとに人が住んでる。
・アユタヤは国内学生（修学旅行？）が多い。こっちは、おもに欧米からの観光客。（ただし食事処は、地元の家族連れ）

ボートトリップ

川岸には、人々が住む家があり、その暮らしぶりを拝見できる。川に向けて出入り口がある家、川から丸みえなテラスのある家、釣りができる家……。それぞれの、川との付き合い方が、興味深い。

あの、川にせり出した東屋、いいねぇ〜

思ったより水しぶき浴びます。

ぷはっ
ううっ

あの階段から下りて、水浴びや洗濯をするのかな

時々おうちの人が、私たちボートの観光客を撮影しに出てくる。

途中、魚にエサやりタイム。群がるようすがなかなかキモイ。エサは、3斤分はあるでかい食パン。最後はみんなかたまりごと投げていた。

←1人1個これ。

水面に、魚の大きな口がぎっしり。

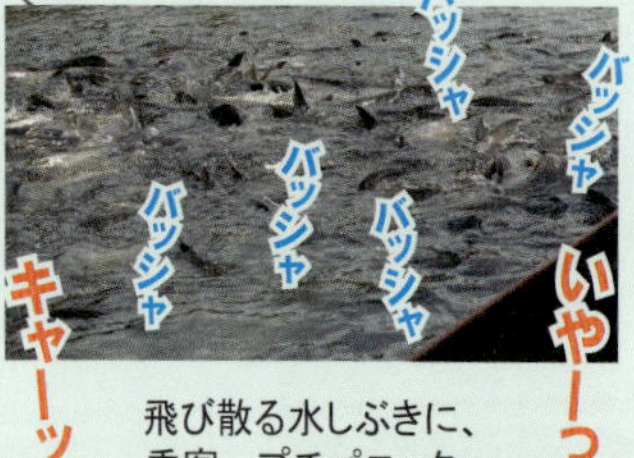

バッシャ
バッシャ
バッシャ
バッシャ
バッシャ
いやーっ
キャーッ

飛び散る水しぶきに、乗客、プチパニック。

川の上食堂

川の上の、ほんのり揺れる、大食堂。「名物」と勧められた、「スネイク ヘッド」という魚を注文する。そしてそれは……

地元のお客さん？で、大賑わい。

……アイツか。

さっき、
狂ったように
パンを奪い合ってた
アイツ……
たしかに
ここの名物だな…

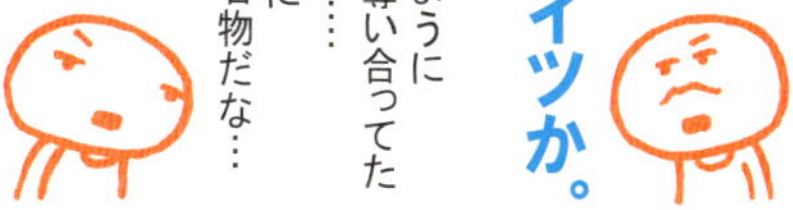

全長40センチくらい。

味は……予想を裏切らず、
「なんの苦労もなく、過剰に与えられた
パンで ぶくぶく太った味」。

調べると、日本名はライギョ。

……え、
ライギョって
寄生虫が
いっぱい
いるってやつ…

まじで……
なんか焼き方
ビミョーに
生っぽいし
やばくない？

食事、そこで終了……

アイツらが、炭火で焼かれている。

調理場は船の上、と徹底している。

今まで
みた中で
一番美しい
ソムタム屋さん。
ボートの上という
シチュエーションは
もちろん、
材料が
葉っぱの上に、
美しく
盛られている。

＊1頁の上の写真も。

味も一番だった！

野菜が
シャキシャキしてる。

なんかねえ、
味が
パキッと
してるの！

ここでも、
例の
ジェスチャーで、
ココナッツ
ジュースを
注文する。

……が、
出てきたのは、
特大サイズの
アイスココア。

どこでも通じる
わけでは
ないようだ。

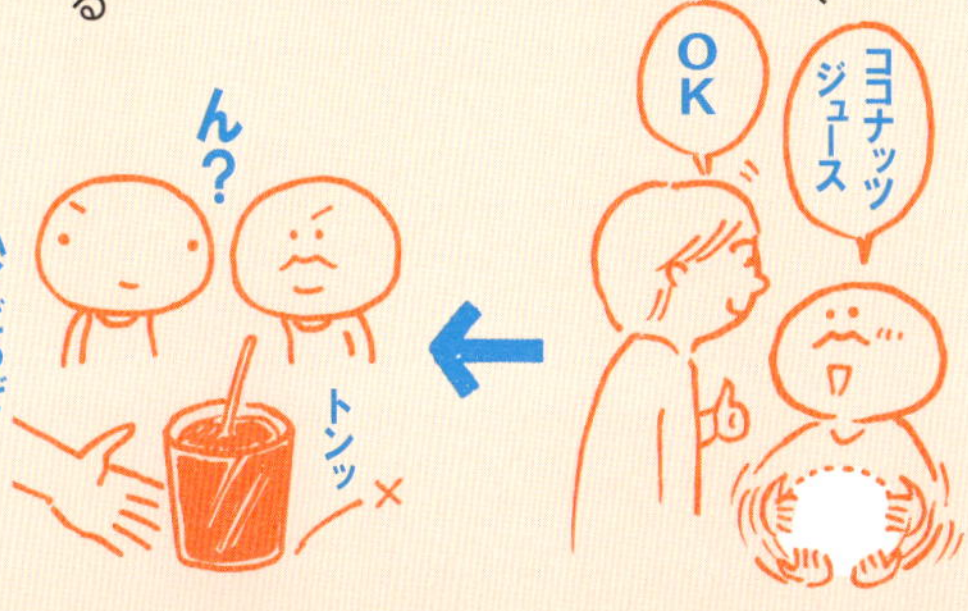
ココナッツジュース
OK
ん？
ハイどうぞ
トンッ

王様の火葬殿

外国人観光客が入れるのか不安だったが、入り口で記帳を勧められ、感激。
大勢の来訪者にも、混乱がないよう、誘導手順がよく考えられていて、
展示も、とても見ごたえがありました。

パンフレットと水とクッキーが配られる。

中央駅から出ている無料のバス。

来訪者を来た順に座らせ、席が埋まったブロックが一斉に移動するという仕組み。

ブロックごとに、色の違うバッジを付ける。

移動まで、モニターに流れる王様の映像をみて待つ。

祭壇ができていく過程の動画や、その装飾ひとつひとつの作り方の展示。
これらがあることで、人々の思いや大変さが、伝わってきます。

シリコンの型から作られるのか。

自然素材も使われている。

↑玉虫？

←お豆？

王様の生涯を、写真と遺品で追っていく展示。

幼少の頃からの沢山の写真。

王様が使われていた机。時代と、お人柄が感じられる。

そして、この王様の生涯は、タイ国民の悲しむ写真で終わります。この流れ、たまりません……

そのまわりでも

来訪者をヘルプする様々な施設。給水車、移動トイレ、救護施設……

バテてしゃがんでいたら、女性が駆け寄ってきて、鼻の下にヤードンを差し出してくれました。

ヤードンの成分がしみ込んだ綿棒。

出たところで、食事や飲み物を、無料で配っていました。

↑しっかり並んでる観光客。

タケノコごはん。

赤いドリンク。

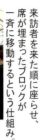

最後の夜

ワット・アルンに魅了され、「やっぱり対岸からも眺めたい」。ライトアップの時間を目指して、場所探し。スマホの情報によると、穴場の公園があるらしい。行ってみよう……

しかし、公園だと思われる場所は、閉鎖されていた……

どうしよう
急がないと
夕陽が…
ブルータイムが…

川沿いには、眺めのよいカフェが必ずあるはず!!と 辺りを見まわす。すると、狭い路地の奥のほうに……

……ん?
あそこに何かありそう

古い建物に、お店っぽい看板を発見。

これきっとそうだ!

暗い階段を上がっていくと、カフェがあった。 しかし店員と目が合うと、

ここじゃない
上よ!
?
へ?

と言われる。

言われるままに階段を上がる。

上の階でも同様……

上、上、
えぇ? ここでいいのに なんで?
満席でもないのに
ハァ
ハァ

そしてたどり着いたのは……

屋上だった! 目の前に、思い描いていた以上のカフェが。

ワット・アルン。

あった~♡
ハァ ハァ

そして……点灯……

下の階の店員さんたち、私たちが何をみたいのか、わかってくれてたんだね……

暗くなるまで。

幻想的な仏塔を前に、タイにいることをかみしめました。

眺めていたら、
もう一度、間近でみたくなり、
渡し船でワット・アルンへ。

塔の下で、
掃除を終えた小坊主たちが、
台車に乗ってあそんでいる。
塔のまわりをジョギングする市民も。

異次元のような塔、
その真下の、日常。

……向こう岸に戻ろうとした時
ふっと風が吹き、
風鈴が小さく鳴った。

渡し船で戻り、王宮の塀に沿って歩く。
カオサン通りに向かう予定なので、
ほんとはタクシーに乗りたいが、
全く車が通らない。
まあ、のんびり歩こうか……

しかし、
バンコクの
ど真ん中だというのに、
嘘みたいに静かだ。
まだ8時なのに
危険を感じるくらい、
人気（ひとけ）がない。

でも、皇居外苑も、夜、こんな雰囲気だよね

……なるほど納得

塔の先に、満月が。

「駆け足」の続き

ヤオワラート通り

バンコクの中華街は、シーフードの屋台が乱立。高い割に、おいしそうじゃないので それらは スルーして、老舗っぽい汁物のお店に入ってみた。

映画館のロビーを利用した店内。

料理の写真は129頁に。

ソイ ナーナー

中華街近くの一角。オシャレにリノベされたお店が、ちらほら。もっとお店が増えていけば、味のあるエリアになりそうで、期待。

カオサン通りに着いた。
今度は反対に、
さっきまでの静けさが嘘みたいだ。

さっきが
皇居付近だと
ここは
銀座？ 新橋？
あ、六本木？

最後の晩餐、どこにしよう。
昨日の食堂でもいいね！

……しかし、残念ながら休み。
探す時間がなかったので、
お向かいの、ちょっと高そうなお店の
テラス席に座った。

トムカーガイと…
あと、ココナッツジュースありますか？

……と、懲りずに
例のジェスチャーをする。
先日のこともあり
伝わるか不安だったが、

もちろん
わかるわ。
いいわね、
そのジェスチャー
20代前半
くらいの子。

店員の女の子は、満面の笑みでこたえた。

彼女とは、料理を運んでくる時に、
2、3、言葉を交わしていたが、
食べ終わった頃、ちょっと遠慮がちに覗き込み、こう言った。
「座って話してもいい？」

「日本人のお客さんはすぐわかるよ。
ずっとテーブルを拭いたりしているでしょ？」と笑う。
「でもいいと思う。食べきれないほど頼んで、
食べ散らかしたまま帰る国の人もいる。
日本人って、小さな子でも、きちんとしているよね」

悪口や愚痴を言っているのではなく、
とても冷静に人間観察をしている。

私たちにも質問攻め。貪欲な好奇心。
チャンスは逃さないとばかりに、
知識を吸収しようとする。

そうか、彼女は料理を運んでるだけじゃない。
世界中の人がやってくるこの店では、
いながらに、世界の人と交流できるんだ。
彼女はそれを、最大限に利用している。

少し話をしただけで、
彼女は数年後、
もうここには
いないなと思った。

そして同時に、
石屋さんの女の子のことを
思い出していた。

未来も、
運も、
「今」の自分が作っているんだと
彼女たちをみて思った。

日本人は
どんな時に
怒るの？
タイの習慣
について
日本人は
どう思う？
今まで
行った中で
どの国が
よかった？

サンプレーン町

「歴史的町並み」と本にあったが、
建物的には、そんなでも……。
クラシックカーのあるカフェや、
小さなアイスクリーム屋さんは、
いい雰囲気が
ありました。

西洋と中国の様式が
融合された建物だとか。

ココナッツ
アイスは、
自然な
果肉の味。
↓

次、
何
食べよっかー

食べましたよ、まだまだ

頁の許す限り、食べたもの。町別に。

チェンマイ

ガイヤーン（タイ風焼き鳥）

香ばしくてジューシー。

豚足の煮込みかけごはん

肉ホロホロ、とろとろ、甘い八角風味。

カオソーイ（揚げそばカレースープ）

思ったより薄味。

蒸しおでん？

練り物、はんぺん、ウインナーなど。

屋外のフードコートで、晩ごはん。

串のぉ 串のぉ あぁ 串のおぉぉ 魅力よ〜

名物ソーセージ

種類いろいろ（酸っぱい肉、ごはん入り、タイカレー味、ガツンとニンニク…）ひとつひとつ個性的な味。

ウボン

春雨とごはんのソーセージ

もち米の焼きおにぎり

豚串

甘いけど深い味

レモングラスが効いてる

スリン

あ、豚の丸焼きだ

注文すると、食べやすい大きさに切ってくれる。

いろんな部位を入れてくれる。

皮は、北京ダック並みにカリカリ。

レッドカレー

小さいナスがおいしい。辛さもほどよく安心。

豚の小さい角煮ゴロゴロごはん

甘いチャーシューのつけ麺（汁なし）

やわらかい蒸し鶏

甘いタレの焼き鳥

アユタヤ

大根餅的 揚げ物

カリカリの衣で中はモッチリ。ニラのような野菜も入ってる。

さつま揚げ的揚げ物

緑豆入り。揚げたてを食べる。

エビとイカ炒め

…って料理名だったが、にゅにょん にゅにょんなワンタンの皮？が入ってて、とろみあん ダクダクで…ナンデスカ コレハ？

スパイシー豚

…って料理名だったが、肉じゃなくて、脂身の揚げ物。

牛のカリカリ揚げマリネ風

ちょっとかたくて脂っぽい。豚にすればよかった……

クラビ

炭火の焼き鳥

香ばしいにおいを嗅ぎたくて、焼いてるすぐそばで待つ。

豚ひき肉のつくね

レモングラスをガジガジしながら食べる、風流な一品。

いつもの豚串
豚串風鶏串

イスラム教徒のお店で売っていたのは、豚串そっくりの鶏串。

海沿いの屋台で焼き魚

白身でやわらかい。鯛や平目に似た味。

竹筒飯

ココナッツミルクで炊いたもち米。これは、大好きでしょう。

豆と野菜のラップ

具材は豪華。とても丁寧に作ってくれるのだが、ソース（フムス）の量が少なくて、薄味。

スパイシー豚のスープ

こちらの「スパイシー豚」は、立派な「肉」。しかもホロホロで極ウマ。

カレー3種盛

鯖の、ナスの、フキの。

トムヤムクン
奥ゆかしいね

この具って、ほとんどが食べられないハーブなんだよねー…と思いきや、奥に、大きなエビとエリンギ、発見。

バンコク

グリーンカレーのクリスピーライス添え

下にごはん。
「クリスピー」が気になって注文。小麦粉？を揚げたものがごはんにのせてある。なぜか、人形焼のような甘いにおい。

くるくる巻きの米麺

中華街で。具は、豚の内臓いろいろ。スープは、胡椒たっぷりで、ビリビリする。

イカの卵フライ

屋台で出会った変わり種。やわらかいカラスミ的な？辛いソースが かかってる。

ヒナドリ？の唐揚げ

通りかかった市場で。今まで旅で食べた鶏の唐揚げで、一番おいしかった！

スイーツ

あったかスイーツ

容器はもらえる
エッグタルトのタルトなし？とろっとしたスイートポテト？……なスイーツ。ちょうど蒸し上がったところだったので、アツアツをいただく。

不思議食感クッキー

ボッフボフなお菓子。きなこのような味でおなかにたまるので、忙しい朝、朝食の代わりにしてた。

くだものチップス

本物のくだものやイモを乾燥させたチップス。パイン、バナナ、ジャックフルーツ…

袋入りのケープムー

北タイ名物、「豚の脂身揚げ」の、袋スナック版を発見。

揚げせんべい

もち米を入れる容器と同じだね
カフェで、コーヒーに付いてきたのは、クッキーではなく、せんべい。

ビールを、キンキンなまま飲みたい。
そんな願いを叶えてくれるカウンター。

駄菓子屋さんの空気感は、世界共通だ。

路地裏は、青空と洗濯物のアート。

淡々と、
自分たちの暮らしを、
おいしいものを、
たのしいことを、
わけてくれる。

そんな、
タイの人々の
おもてなし。

小さなおばあちゃんの、小さなお店、
開店準備中。

町角の壁に、
なんてかわいい
お香立て。

フレッシュジュースが、
魅惑的な光で、客を誘う。

1本、道を入ると、
混沌とした世界が現れる。

ちょうどよく
ほっといてくれるから、
旅人は、
自分を「異邦人」と
感じることなく、
日々を過ごせる。

ありそうでない、
この奇跡の国に、
世界中の人たちが
引き寄せられる。

豚串、何本食べただろ。

屋台で働くおかあさん。
テーブルで寝てる赤ちゃん。

寝返りをうたないといいけれど…

空も
町も
仏塔も、
刻々と
色が変わっていく
時間帯。
カメラに収めたり、
肉眼で堪能したり、
大忙し。

さらっとタイらしさ

「虫」は、タイのスナック。

ドリアン味のアイス。トッピングに
「もち米」っていうのが、タイらしい。

神社の祈祷のような？
（町なかの広場にて）

ビニール袋に、直に入った飲み物。年々見かけなくなってきたような。

ボートのソムタム屋さん。この美しい光景、
たとえテーマパークの中でも、ずっと続いてほしい。

これって、ハンモックを吊るすために
設けられた場所なのかな？

コンビニ前の空き地に、屋台。

仏陀の一生？のアニメが
放映されてた。

もじゃもじゃな電線で、
空がみえない。

ココナッツ スイッチまだまだ

こういうのは
甘すぎる
仕上がり。

めっちゃおいしい！

果肉のタイプや、ミルクの
有無を選べるシェイク屋さん。

丸ごと生ココナッツの、ジュースやアイス。
どこにでもあると思ったら、そうでもない。
中央駅近辺の食堂は、何軒まわっても どこにも
置いてなかったし。ザ・観光地向けなのかな。

コンビニで見つけたココナッツ型容器のアイス。

カオサン周辺には屋台がいっぱい。

町のイヌさん、ネコさんも

淡い水色の瞳が美しい。

道の真ん中で、だら〜んとしてる、時間帯。

ど、どーなってるの？

なかよしなのね。顔をくっつけ合っちゃって

イヌの人形を祀ってあるお寺。

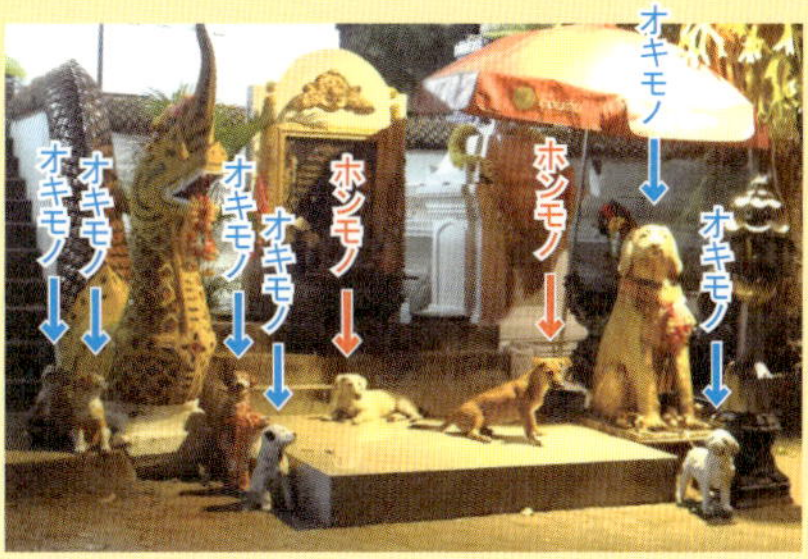

オキモノ
オキモノ
オキモノ
オキモノ
オキモノ
ホンモノ
ホンモノ
オキモノ
オキモノ

よくみると、「ホンモノ」が交っててビビる。……居心地いいのかな。

たのしい壁画

ヘタではないのに、超絶に安っぽく感じるのは なぜだろう……

窓。→

背景の模様が、町角の落書きにしか見えない。

にらみすぎで、慈悲深さゼロ。

老人を表す時、「シワ」を描けばいいと思ってる壁画職人は、そういえば、古代エジプトにもいた。

イェイ イェイ

調子に乗ってる人。

ヘン顔 発見シリーズ

群衆の絵の中に、時々おかしな表情をしてる人がいる。いつか、これだけを探す旅に出かけたい。

何かを頼まれている人……

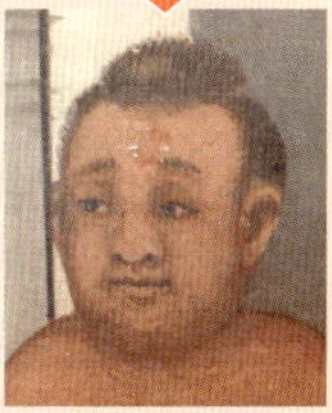

絶妙な表情。

ここにも……

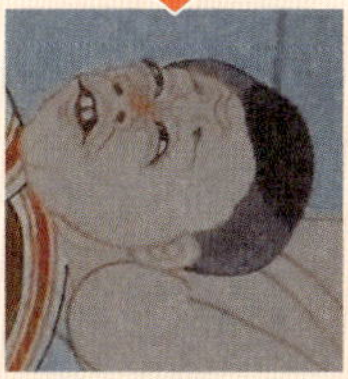

さらにキツイ。描いてる時の職人をみてみたい。

←→ 同一人物？

どの人も面白い表情だが、とくにこの人…

この顔で、どんなキモチを表現したいのか。

仏陀をみて驚いている図？

ほかの人は一点を見つめてるのに、この人だけ寄り目。

見張り台の兵士？

にやけてるのか悲しいのか眠いのか。

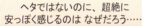

ヘンな日本語

一見オシャレなお土産用石鹸。

Lava とは溶岩のこと。
日本人は、「富士山が噴火する」
デザインなんて、しないと思う。

コールソープ岩石鹸チャ

↑
縦書きにする際、
ボロが出ちゃってる。

→これらのように、「頑張ったのに間違えちゃった」というのは微笑ましいけど、「日本製」を装ってる商売は、なんだか不気味。

スナック菓子。

裏面

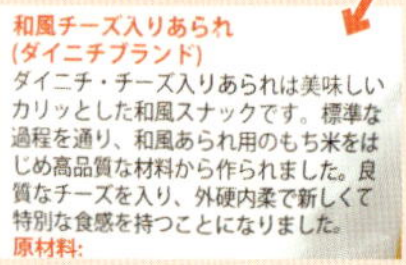

昔よりは誤字が少ないけど、
よく読むと、日本人が関わって
ないなって、わかる。

すぐに

香水は、時間をおいても食べられないと思います。

Tシャツは
もう、定番。

レストランのガラス窓。

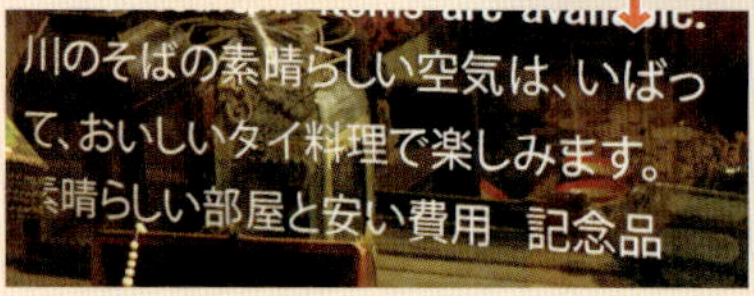

いばって？

二度見な看板

「しゃぶしゃぶ」は、
略してはいけません。

こんなマークを作る前に
対策をしたほうが…

カップルのイラストかと思ったら、「スリに注意」。

かわいく変身した、
「立ち入り禁止」。

クラビにあった、
ゴミ拾いボランティアのポスター。
おぉ、ゴミ、拾ってるんだね！

いや、春菜じゃねぇよ

バカボンパパを演じる
上田さん？

かわいいロゴ。

コウモリみたいな
矢印。

この店の→

←このマーク、なつかしい。

ハロー、ヤモリちゃん

彼らは、デパートの中に
いました(^_^)

これも擬態？

いる場所と同じ色なのは、擬態？ 進化？ たまたま？

お寺で出会った

最初、このヘンなポーズに笑っていたが、あまりに像の数が多くて、だんだんイラッとしてきた。人間ってワガママ。

ワット・アルンにあった兵士？ の像。じわじわくる仕上がり。

天上天下唯我独尊！
螺髪が黒いと、おばちゃんにみえる。

水曜日の仏さま。

2人の誕生「曜」日の仏さま。（水曜日だけ午前と午後に分かれてる）

気になるキミたち

すいませーん、この自転車くださーい。
……って言ったらどうする？

ムカデ印の咳止め薬。

絶対、事故る。

町に唐突に置かれていた扉付きカラーボックス。鍵が付いていてコインロッカーらしいが、うーん……どうなの？

怖い顔パンダのマグカップ。

飲む時、この顔をわしづかみにする仕様。

鳥かごがモチーフの街灯。（というかそのまま）

宿にあったティッシュボックス。

鳥が顔を出してるみたい。♥

ジャックフルーツをほぐしている。
いかに大きいかは、このヘタをみて！

観光バス。なんでこの絵？

クラビの巨岩の重なりに、空色のスキマ。奇跡的に「日本列島」が現れた？

ウガー

けなげな顔。

屋台のテーブルの下に……

うわ、びっくり、女の子がいた

熱風とか
喧騒とか
食堂のにおいとか。

暑いとか
辛いとか
だるいとか。

どきどき、
わくわく、
ぞわぞわ、
じーん…
きゅーん……

ぜんぶ、
自分のカラダで 感じたこと。

いつも
ここで
寝ている
看板ネコ。

コンニチハ。
壁に
合わせた
色のボク。

名所も、
世界遺産もかすむ、
五感で得たもの。
おそらく、生涯消えない、
強く、まとわりつく記憶。

旅は
めんどくさい。
めんどくさいから、
いい。

これだけは、
行かないと
味わえない。

小さい
象さん、
並んで
歩く。

はしりがき。

タイ人と日本人だと
おじぎばっかりして
なかなか終わらない

どのテーブルにも、客のいない店。
繁盛してないカフェかと思ってみてたら、
テーブル＆イスの、家具屋さんだった。

ネコ耳ヘルメットの
いかついおじさん

生野菜を警戒しつつ、
ソムタムがやめられない。

駅のホーム、白線に沿って
バイクが走っていったよ？ 自由？？

列車の旅は、寝るヒマなし
ひっきりなしに、食べ物を
売りにくるから、忙しい。
あ、食べなけりゃヒマなのか。

ものっっっすごい汗
顔の毛穴から
玉が生まれて転がるように
噴き出してくる。

列車の窓全開
子どもが落ちそうだよ
そこのおかあさん!!

バナナの売り方、棒ごと。

タロイモ味、
日本にも進出
しないかな。

→パンダンは
日本ではムリそう（色が）

ホームでも、切符売場でも、
キレイに静かに並ぶ人々。

テーマパークで写真を撮り合う、
~~黄色~~オレンジ袈裟のお坊さんたち。
とってもたのしそ。

子どもたちが
ムジャキに着てるTシャツ

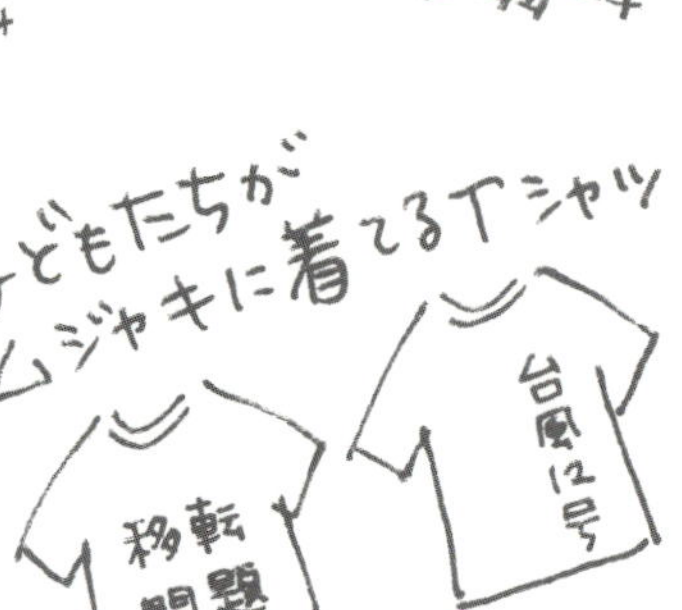

トイレ、トイレ、と
駅までガマンしたら
駅にはトイレが
ないのでした。
せーンキ!!

熱気と、排気ガスと、ホコリ漂う都会の屋台街。そんな空気の中でもたくましく、四六時中食べている人々。

歩道の柱にはわせたコンセントのでっぱり……に注意、というスーパーの袋の風船。

歩道のやまいだれシリーズ

コメド取りにムチュウなツアーデスクのスタッフ。決してやめずに片手で仕

へ ジーコーイミ〜。
奥で、スープの鍋におたまに山盛り一杯の白い粉を入れて〜かくはん、仕上げ〜だ……

さんざん食べてきて、こう言うのもナンですが、屋台が汚なすぎますよ。夜みてた店を朝みてドッキリ。

化石屋さんとアンモナイトの産地の話で盛り上がる。

タロ倉顔なんてほぼいないじゃん、タイ。

水着のTバックが完全にくいこんで布がない。「ただのおしり丸出し」みたいになって歩いてるファラン多いです……

*ファラン＝タイ語で、ヨーロッパ系の人を指す

床そーじ、床みがき、だいすきタイ人。いつもモップを右に左にすべらせてるいいのおじさん、モップ族。

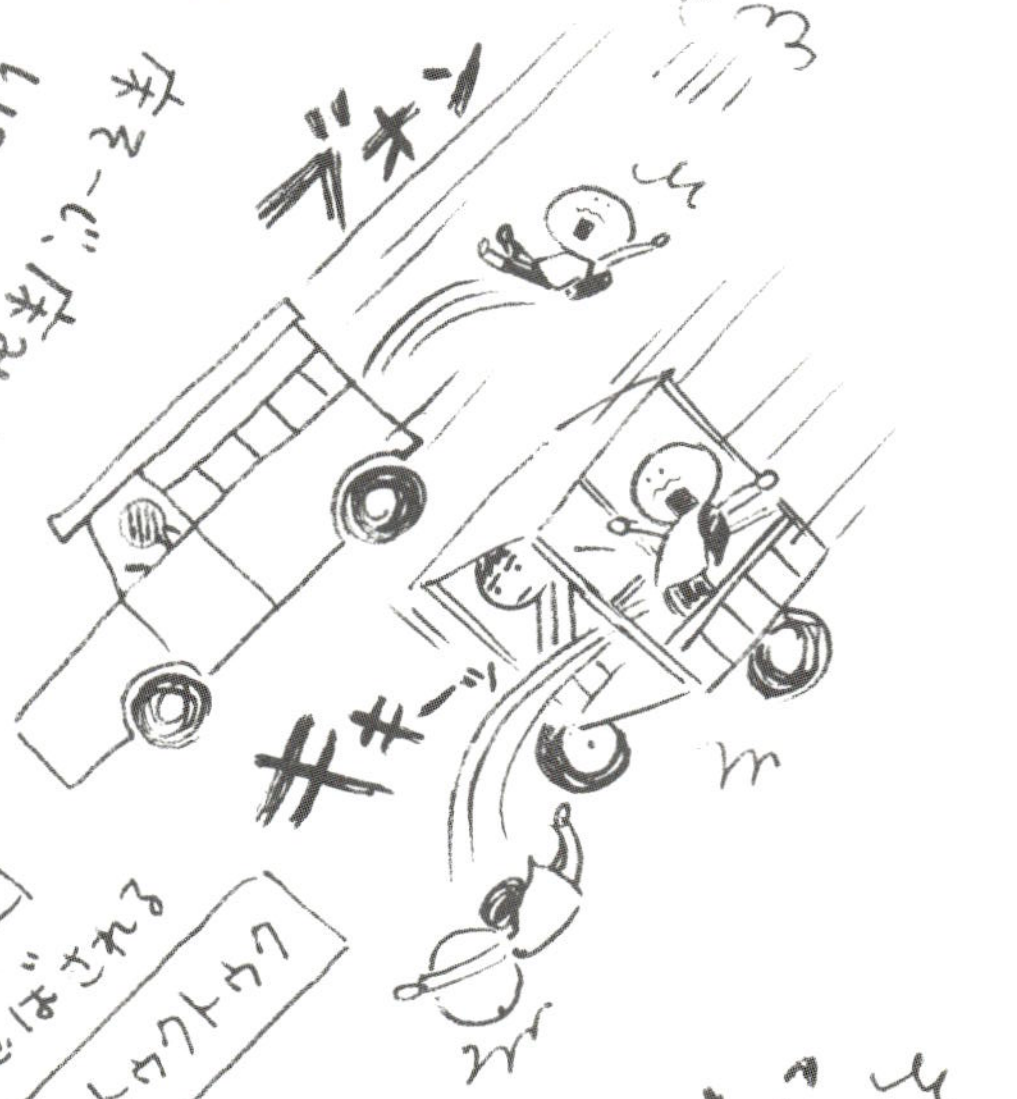

急発進で放り出されるソンテウ

急ブレーキでふっ飛ばされる横乗りトゥクトゥク

急カーブでふり落とされるトゥクトゥク

夕暮れと夜の狭間の、
つかのまの青と
屋台の灯り。

コップンカー
また来ます

次回は虫スナックに挑戦しまーす

あとがき。

味や におい、温度や 日差し、
わくわく、せつなさ、けだるさ……
カラダで感じた、カタチのないもの。

小さな出来事を いくつも かき連ねたことで、
そんな「旅の空気」のようなものが、
この本の、紙の上から においたちますように。

私たちが タイで もらった、
沢山の「きゅーん」を、
読んだ方にも 感じてもらえますように。

さいごに……
タイでお会いしたみなさま、
そして この本の制作に関わってくださった
すべての方々に感謝します。
どうもありがとうございました。

k. m. p.
ムラマツ エリコ
なかがわ みどり

バンコク市内。歩道を占拠するマッサージ屋さん。それも、両側の歩道に ずらっと。

もう なくなっていた、
以前かよったソムタム屋さん。

k.m.p.《ケー・エム・ピー》

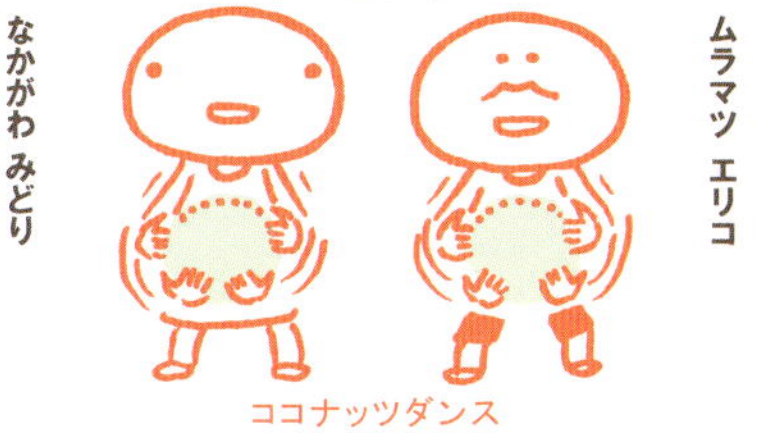

サイトで販売ちゅー

この本は60冊め

2人で活動してるユニット。
旅に出たり、本をかいたり、
雑貨をつくったり、イラストをかいたり、
その時したいと思ったことを、仕事としています。
しごと と あそび と 生活の一体化 が理想。

公式サイト「k.m.p. の、ぐるぐる PAPER」
ブログ「k.m.p. の、旅じかん、ウチじかん。」
つぶやき @kmp_okataduke

アドレスです

k.m.p. の、タイぐるぐる。

2018年 10月 29日 第1刷 発行

著者
ブックデザイン k.m.p.《ケー・エム・ピー》 なかがわ みどり ムラマツ エリコ

発行者 千石雅仁

発行所 東京書籍株式会社
〒114-8524 東京都北区堀船 2-17-1
TEL 03-5390-7531(営業) 03-5390-7512(編集)
https://www.tokyo-shoseki.co.jp

印刷・製本 図書印刷株式会社

ISBN 978-4-487-81110-6 C0095

東京書籍の k. m. p. の本

『k. m. p. の、ハワイぐるぐる。』

車で一周、ハワイ島 オアフ島 の旅。

次のハワイは レンタカーで、と思ってる方に。

ハワイ島のディープな情報から、
オアフ島・ワイキキの ベタな過ごし方まで。

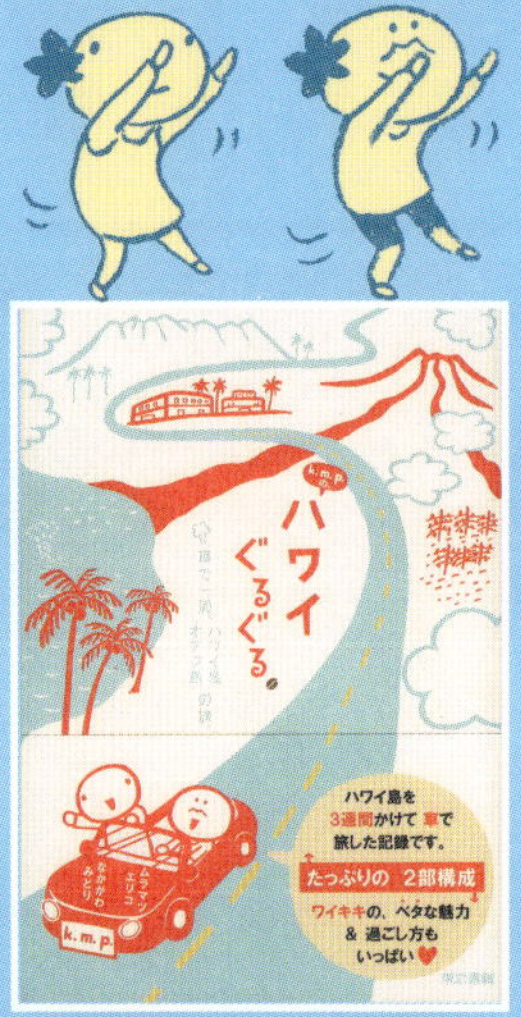

本体 1,300 円（税別）

『k. m. p. の、台湾ぐるぐる。』

約20都市を、1ヵ月かけて 一周した旅。

きゅん、とする 台湾の魅力と、
旅のヒントが詰まってます。

本体 1,300 円（税別）

『k. m. p. の、おまけのキモチ。』

簡単にできるラッピングのコツ、満載。

10種類の「ふろく」も、付いてます。

本体 1,200 円（税別）

『k. m. p. の、モロッコぐるぐる。』

青い町シャウエン、赤い町マラケシュ……

安宿のコツや、砂漠での過ごし方なども。

本体 1,200 円（税別）

はしりがき

川辺でのら猫が
身をすりよせてきた。
『エサないよ』と ひとこと
言うと、なき声のトーンが
一気に下がった。

ニャ〜♥

なーご…

酒場以外は店じまいが早くて、
9時前には夜ふかし気分。

大雨なのに、気にしてないかのように、
お迎えにくる、島巡りのツアーバス。
ツアー代返金がイヤで強行するんじゃ
ないだろーね？ 一応乗るけど。
海が荒れてたら、ちゃんと中止に
してくれますように。

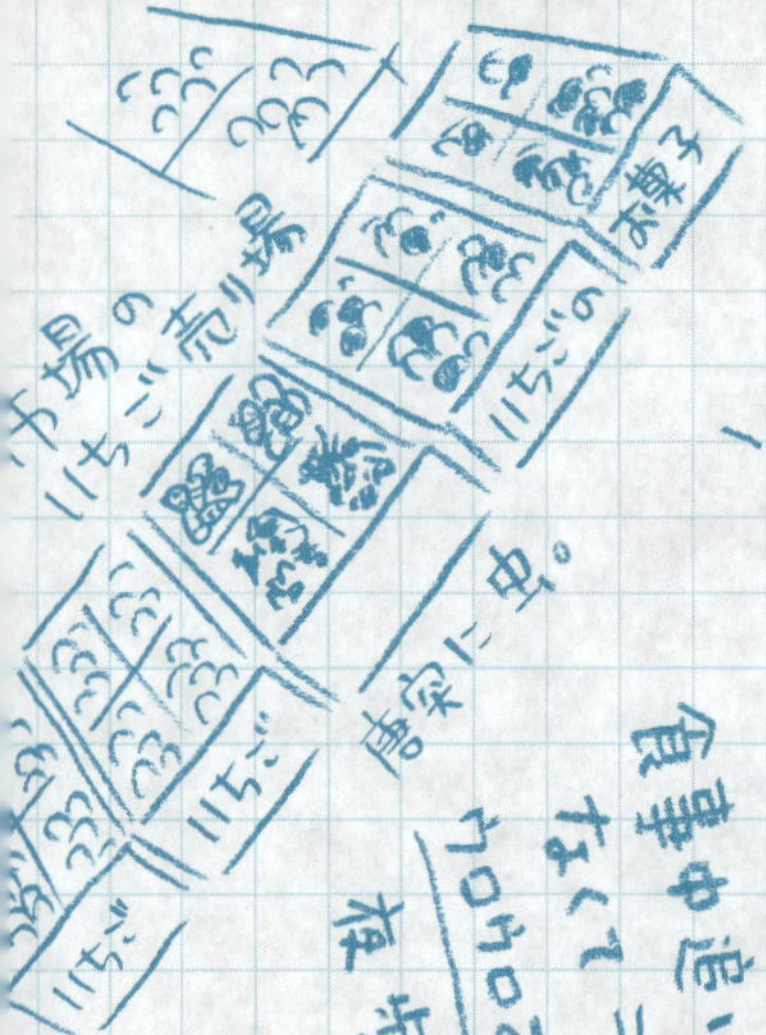

唐突に虫。

クラビ…虫が少ない。
食事中追い払う手間が
なくてラク。
ウロウロする犬が少ない。
夜歩きやすくてうれしい。

カフェに入っていくと
座っておしゃべりしてた店員が3人
立ちあがってカウンターの中に走り、整列。
先生が来たぞ——っ
的な感じ。

閉店まぎわにすべりこみした
食堂、「閉店ったら閉店!」
って目で見てるから味がわかんない

屋台のたこやき屋さん。
半分ずつ焼いて、
最後に合体して
まんまるにしてた。
フツーに焼くのが
ムズカシイんだね。

店じまいのあとは、猛スピードで帰っていく
トゥクトゥク屋台。まんまるソーセージをびらびら
なびかせて。

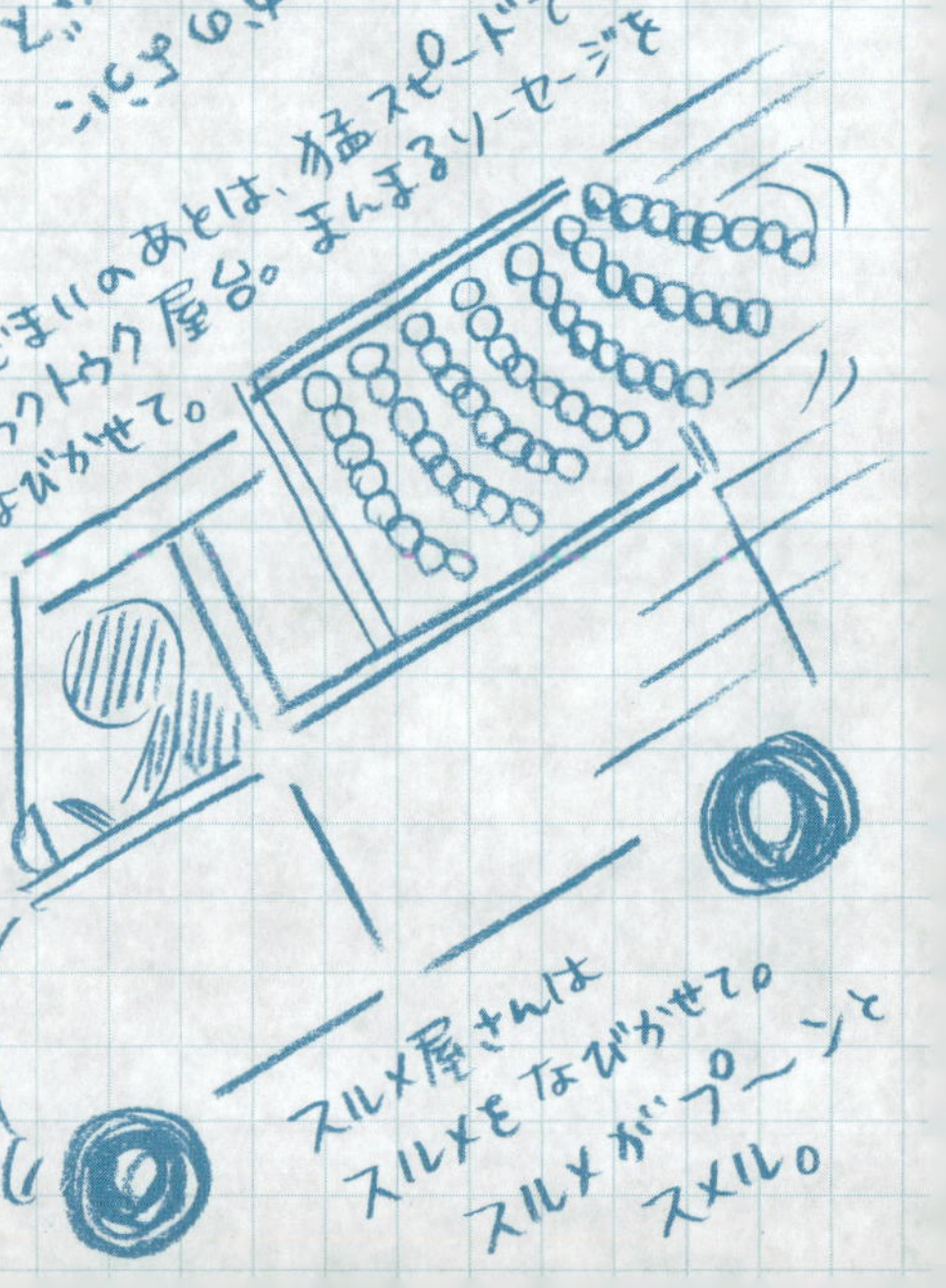

スルメ屋さんは
スルメをなびかせて。
スルメがプ〜ンと
スメル。

ホテルにたのんだクリーニング。
湿っぽいまま たたまれて
戻ってきたものを チェックしたら……

ジーンズのおしりのボタンがない
ワイドパンツのあて布ちぎれてた
股に穴
色つき洗剤か柔軟剤のシミ

駅の券売機の
コインを早く入れると、カウントできずに落ちていく。
だからって、ゆっくり入れると、10枚超えた頃で
時間切れ、全部戻ってきて、やり直し。
お札を入れると、おつりのコインが1バーツ単位で
スロットマシーンのようにジャンジャン出てくるし。
……なんかワザが必要？

お坊さんに触れちゃいけない
のは、知ってます。
「近づいちゃだめっ」って
注意されたけど そのお坊さん
うしろから自分で近寄ってきたん
だよー もーっ!!

ノースリーブでつかまってる人、みかける。

おじさん同士のカップルが
お寺のお堂の
仏像バックに

タイの恋愛事情??
TVドラマ、PVにみる
男女の間柄（力関係）
「勝手な男とたえしのぶ女」
いくつかの恋愛ストーリーを
みると、ほぼこのパターン……
え?? タイってこんななの??

日本に帰ったら恋しくなるもの

- ココナッツジュース＋果肉
- 豚串
- ソムタム
- 空芯菜炒め
- タイ米のもち米

タイ語ができなくて
よかったこと → おやじのナンパ
が途中で終わる。

ケイエムピー文具店